기획은 결정이다

KIKAKU IIKIKAKU NANTE SONZAI SHINAI

© ATSUYA TAKASE 2021
Originally published in Japan in 2021 by CROSSMEDIA PUBLISHING
CO., LTD., TOKYO.

Korean Characters translation rights arranged with
CROSSMEDIA PUBLISHING CO., LTD., TOKYO,
through TOHAN CORPORATION, TOKYO and EntersKorea CO., LTD., SEOUL.

이 책의 한국어판 저작권은 (주)엔터스코리아를 통해
저작권자와 독점 계약한 북스톤에 있습니다.
저작권법에 의하여 한국 내에서 보호를 받는 저작물이므로 무단전재와 무단복제를 금합니다.

다카세 아쓰야 지음
김영주 옮김

기획은 결정이다

'될 것 같은' 생각을 '되는' 기획으로

북스톤

들어가며

기획 책을 '기획'한 이유

"뭐 새로운 거 없어? 눈에 확 띄면서 매출도 잡는 거 하나 짜 봐."

상사나 클라이언트가 '참 쉽게' 하는 이야기입니다. 어쨌든 기획서를 쓰려고 컴퓨터를 켜지만 아무것도 떠오르지 않습니다. 간신히 아이디어를 짜내 기획서를 제출하면 돌아오는 대답은 역시 나입니다.

"흠…. 나쁘지는 않은데 내가 말한 건 이런 게 아니야."

'그럴 거면 자기가 하지'라고 투덜거리며 다시 같은 과정을 의미 없이 반복합니다. 그나마 쥐어짜면 나오던 아이디어도 더 떠오르지 않습니다. 많은 기획자들이 겪었고, 겪고 있고, 앞으로도 겪을 상황입니다.

대체 '기획'이란 뭘까요? '재미있을 것 같다'며 기획자를 지망하는 이들이 주변에 많습니다. 그렇게 시작했는데, 생각했던 것과 다른 현실에 좌절하거나 번번이 "다시!"라는 말을 듣다 보니 기획에 울렁증이 생겨버린 경우가 많습니다. 앞의 예처럼 상사나 클라이언트의 지시는 항상 어렵고 모호하게 느껴지기만 합니다.

제가 2018년에 책 《사람이 움직이는 콘텐츠를 만드는 법》을 낸 후, 주변으로부터 기획에 대한 많은 고민을 들었습니다. 콘텐츠 제작은 둘째치고 무슨 콘텐츠를 어떻게 만들지 아이디어가 떠오르지 않는다며 방법을 가르쳐달라는 요청이 많았습니다. 어떻게 해야 감각적인 기획을 할 수 있는지, 나는 좋다고 낸 기획이 좀처럼 통과되지 못한다는 푸념도 있었습니다.

이 모든 고민에는 공통점이 있습니다. 자신에겐 좋은 기획을 하는 재능이 없다고 생각하는 것이었습니다. 도대체 기획이 뭐기에 사람들을 이렇게 괴롭히는 걸까요? 이 궁금증을 풀고자 관련 책과 자료를 보이는 대로, 잡히는 대로 읽어봤습니다. 그런데 다들 '기획은 아이디어'라면서 아이디어를 떠올리는 요령만 설명하더군요.

제 생각은 다릅니다. 기획에는 '타고난 감각'도 '번뜩이는 아이디어'도 필요 없습니다. 단지 '결정'만이 필요할 뿐입니다.

기획이란 '무언가를 실현하면서 결정한 결과'입니다. 결정이란 과정을 거치지 않으면, 타고난 감각도 번뜩이는 아이디어도 소용없습니다. 지금도 전 세계에서 매일매일 아이디어가 엄청나게 생겨나지만, 대부분은 알려지지도 못한 채 사라집니다. 실패한 결과를 앞에 두고 '사실 저번에 까인 그 기획안도 괜찮았는데', '그때 그 기획안으로 해볼걸' 하고 후회한 경험이 한두 번은 있을 겁니다. 그러나 저번에 탈락한 그 기획안, 그때 그 기획안은 기획이 아닙니다. 실행하기로 '결정'하지 않았으니까요.

이렇게 생각해보면 우리 인생 자체가 기획입니다. 뭔가 뜬구름 잡는 소리처럼 들리겠지만, 우리의 인생도 수많은 결정의 연속이기 때문입니다. 결정을 통해 아이디어가 기획이 되고 그 가치가 생깁니다.

어디를 가도 "주변에 유능한 기획자 좀 없어요?"라는 말이 들립니다. 작은 이벤트든 회사의 명운이 달린 상품 개발이든 기획 없인 이뤄지지 않으니 그럴 법도 합니다. 그만큼 우리는 좋은 기획에 목말라하고 유능한 기획자의 몸값은 점점 높아집니다. 기획이 대단한 능력 같아 보입니다.

하지만 제가 보기에 기획자는 아주 특별한 존재가 아닙니다. 유능한 기획자가 많지 않은 건 사실이지만 누구든 유능한 기획자가 될 수 있습니다. 대중적 호응을 얻거나, 확실한 존재감을 보여주는 기획을 할 수 있습니다. 이것이 제가 이 책을 쓴 동기입니다.

이 책은 기획에 대한 개념 정리부터 기획에 필요한 사고방식 그리고 제가 생각하는 기획법과 그에 필요한 사고법을 폭넓고 쉽게 다룹니다. 그러다 보니 경험이 쌓인 기획자라면 이미 아는 내용이나 지루한 부분이 있을 수도 있습니다. 하지만 기획에 대한 다양한 입장과 단계에 대해 다시 생각해보는 기회라고 생각해주셨으면 합니다. 이것이 제가 이 기획 책을 '기획'한 이유이기도 합니다.

차례

들어가며: 기획 책을 '기획'한 이유 · 4

1장_ 기획 정의하기

기획에 대한 모든 정의는 틀렸다 · 15
머리로 기획하면 망한다 · 19
모두가 좋아하는 기획은 어디에? · 21
숨 쉬는 것 빼고 다 기획이다 · 24
기획력을 키우는 생각법 · 26
제약을 재미로 바꿔야 기획자다 · 29
돈이 돼야 기획이다 · 31
콘텐츠, 미디어 그리고 기획 · 34

2장_ 기획 전 몸풀기

머리만 채워도 일류 기획자 · 39
남들보다 빨리 머리를 채우는 법 · 41
정보가 오가는 '터미널'이 되자 · 52
기획은 물량 싸움이다 · 56
기획 하나를 위한 100건의 초안 쓰기 · 59

3장_ 사람 분석하기

뾰족한 타깃에 둥근 기획이 나오는 이유 · 65
기획의 주어는 사람 · 69
기획의 연결점 역시 사람 · 72
사람만으로 기획하기 · 76
가십은 기획의 양념이다 · 79
사회의 화두는 어떻게 만들어질까 · 84
내 모습을 '기획'하는 법 · 88

4장_ 기획 전달하기

기획에 '떡밥' 뿌리기 · 96
'모두가 알고 있다'의 힘 · 100
나를 페르소나로 삼자 · 102
적절한 이질감 주기 · 105
보기 좋아야 내용도 좋다 · 108
'참여형 기획'의 조건 · 111
'세계관'을 입혀라 · 114
'언젠간 되겠지' 하는 자세 · 118
먹히는 SNS 콘텐츠 기획 · 122
내 기획들을 역사로 만들자 · 125
가장 쉬운 기획법 ①: 바꾸기 · 127
가장 쉬운 기획법 ②: 단어 갖고 놀기 · 132
기획이 급할 때 쓰는 팁 8 · 141

5장_ 세상에 기획 내놓기

어디까지가 '진짜' 기획? · 159
내 기획을 세상에 내놓겠다는 각오 · 165
기획이 술술 풀리는 10가지 노하우 · 169
내놓은 다음에는? 에고서핑과 분석 · 189

기획자의 자부심과 자만 사이 · 193
답이 없으니 기획이다 · 196

6장_ 기획에 필요한 리더십

결정권자도 기획자다 · 201
지겹도록 목적을 공유하자 · 203
지겹도록 묻고 답하자 · 206
거절의 메시지는 단호하게 · 210
재미있는 기획, 재미있어하는 기획 · 213
'전에 했던 기획'이라 안 된다? · 215
기획에도 '케미'가 있다 · 217
기획자의 의지를 불태우는 법 · 220

7장_ 기획력은 시스템

기획력을 만드는 5가지 능력 · 227
"그동안 어떤 일을 했나요?" · 239

나가며: 일상이 기획인 삶을 위해 · 244

1장

기획 정의하기

우리는 기획을 누구나 "우와" 하는 아이디어를 내는 일이라 흔히 생각합니다. 하지만 '현실' 기획에서 아이디어는 시작일 뿐입니다. 누구를 얼마나 만족시킬지를 정하고, 회사 안팎의 수많은 사람들을 어떻게 설득할지를 정해야 하기 때문입니다. 그래서 기획은 '결정'입니다.

기획에 대한 모든 정의는 틀렸다

기획이란 무엇일까요? 사전의 정의를 보면 기획은 '어떤 일을 하기 위해 계획을 세우는 것. 또는 그 계획'이라고 합니다. 업무에서는 콘텐츠 기획, 상품 기획, 경영 기획처럼 다양한 곳에 쓰이며 때에 따라 뜻도 조금씩 달라집니다. 어떤 단어와도 어울려 쓰이다 보니 뭔가 그럴듯해 보이면서 뜻은 모호한 단어가 바로 기획입니다.

저는 기획을 이렇게 정의합니다. '어떤 일을 실현하기 위해 필요한 일을 결정하는 것'으로 즉, 기획은 '결정'입니다.

여기 광고대행사 3년 차 기획자 A가 있습니다. 어느 날 A는 부장으로부터 "하던 거 말고 뭔가 새로운 기획안을 올려봐"라는 지시를 받습니다. A가 가장 먼저 할 일은 뭘까요? 바로 기획의 최종 목표를 결정하는 일입니다. 예를 들어 '회사 이미지 개선'과 '판매 향상'은 기획이 목표하는 방향성이 전혀 다릅니다. 기획을 할 때 목표부터 정하는 이유입니다.

A가 잡은 기획 목표는 '거래처 신상품 판매 촉진'입니다. 목표가 결정됐으니 예산을 짜야 합니다. 마음 같아서는 아이돌 출신 배우를 데려다 광고를 찍고 싶지만, 언제나 그렇듯 부서에 그럴 예산은 없습니다. 그러니 SNS를 통해 상품을 알리는 등 비용이 적게 드는 방법을 쓸 수밖에 없습니다. 예산이 정해지면 '누구에게 어떤 반응을 기대하는지'도 정해야 합니다. 대기업에서 일하는 30대 여성에게 "이거 정말 예쁘다!"란 반응을 얻고 싶은지, 40대 전업주부에게 "쓰기 편하겠네요"라는 반응을 기대할지 등입니다.

고민 끝에 A는 '대기업에서 일하는 30대 여성'에게 "이거 정말 예쁘다!"란 반응을 얻기 위한 SNS 이벤트를 진행하기로 합니다. 이제 30대 여성에게 인기 있는 인플루언서를 알아보거나, 대기업에 다니는 30대 여성을 대상으로 온라인 이벤트 참여 여부를 조사하는 등 이벤트를 위해 해야 할 일이 보입니다. 그리고 일의 우선순위도 보이겠죠? 일하다 보면 결정해야 하는 선택지가 계속 튀어나옵니다. '요리 인스타그래머 S, 패션 인스타그래머 T,

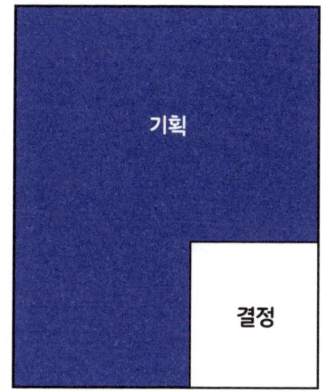 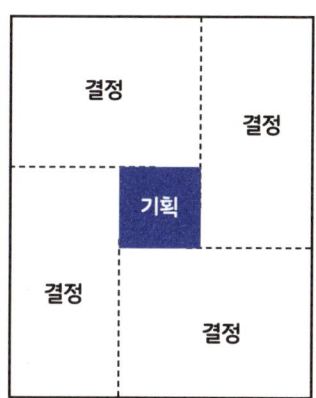

방송인 U가 떠오르는데 예산을 생각하면 S가 적당해'라는 식입니다.

    기획 목표만 정해진 상태는 '무한한 가능성이 존재하는 상태'입니다. 가능성이 무한하다니 뭔가 좋은 상황 같지만, 선택지가 너무나 많으면 오히려 선택이 어려우니 좋다고만 하기는 어렵죠. 다양한 선택지를 좁히다 보면 기획의 방향은 자연스럽게 드러납니다. 그렇게 기획은 실현에 한 발짝 가까워집니다. 제가 '기획은 결정'이라고 말한 이유입니다.

    '그런데 결정은 상사가 하지 않나요?'라고 생각할 수도 있습니다. 하지만 기획 담당자는 엄연히 A고, 부장이 최종 결정을 하더라도 이미 A가 많은 선택과 결정을 했습니다. 사실상 A의 결정이나 마찬가지입니다.

물론 이 결정들은 나중에 얼마든지 뒤집힐 수 있습니다. 결정이 뒤집히면 '뭐야! 다시 제자리잖아'라는 생각이 들면서, 뭐 하러 지금까지 힘들게 결정했는지 회의감이 들 수 있습니다. 하지만 그렇지 않아요. 일단 시도해봐야 결정이 맞았는지 틀렸는지 알 수 있기 때문이죠. 기획의 오류를 발견하고 수정하면 최종 성공률은 당연히 높아집니다. 결정을 뒤집는 게 귀찮고 힘들어 문제점을 방치하거나 덮으면 기획의 실패율이 그만큼 높아지고요.

머리로 기획하면
망한다

기획이라 하면 '타고난 감성으로 센스 있는 아이디어를 생각해내는 것'이라고 많이들 생각합니다. 제 생각엔 1990년대 카피라이터라는 직업이 인기를 끌면서 기획에 대중적 이미지가 덧씌워져 생긴 오해 같습니다. 과거엔 '기획은 전문가의 일'이라는 인식이 강했습니다. 마치 언론이나 방송처럼 말이죠. 그러다 보니 소수의 기획자와 대중 사이의 거리는 매우 멀었습니다. 이러한 상황에서, 기획에서 아이디어를 내는 부분만 알려지다 보니 기획에 대한 오해가 생긴 것으로 보입니다.

그럼 요즘은 어떨까요? 기획을 둘러싼 상황은 매우 달라졌습니다. 이젠 누구나 자신의 채널을 가지고 메시지를 주고받는 SNS

시대입니다. 자신의 기획을 바로 알릴 수단과 경로가 많아졌고, 기획자의 수도 많아져 경쟁이 치열해졌습니다. 누구나 기획자이고 크리에이터인 시대입니다. 사람이 하는 생각이 서로 크게 다르지 않다 보니, 남의 아이디어가 내 아이디어인 듯 비슷한 경우가 대부분입니다.

그렇다면 다른 사람이 아이디어를 내놓기 전에 내가 더 빨리 내놓고 작은 성과라도 내야 살아남습니다. '나는 기획자니 아이디어만 내면 돼'라고 머리만 굴리려 한다면 영영 기회를 잡지 못할 겁니다. 아무리 좋은 아이디어라도 내놓지 않으면 소용없습니다.

이른바 '아이디어맨'이라 하면 흔히 광고기획자나 방송작가를 떠올리는 사람이 많습니다. 하지만 제 경험상 진짜 아이디어맨은 아이디어에 더해 실행 및 제작까지 참여하며, 결과물이 나와도 끊임없이 개선점을 고민합니다. 행동 없이 머리로만 생각하는 기획자는 점점 설 자리를 잃고 있습니다.

모두가 좋아하는 기획은 어디에?

'좋은 기획이 떠오르지 않는다'고 고민하는 경우가 많습니다. 과연 좋은 기획이란 뭘까요? 성공한 기획이 좋은 기획이겠죠. 그럼 성공한 기획은 뭘까요? 대중적으로 고른 호응을 얻거나, 특정 타깃에게 확실한 존재감을 보여주는 경우입니다. 이런 기획이라면 다들 좋은 기획이라 생각할 법합니다.

하지만 기획에서 '대중성'과 '존재감'을 모두 잡기는 힘듭니다. 잡은 사례도 있지만 손에 꼽을 정도입니다. 대중성을 보여주는 기획은 많은 이들이 싫어하지 않도록 메시지가 모나지 않은 경우가 대부분입니다. 그러니 감정의 깊은 부분까지 파고들지 못할 때가 많습니다. 반면 존재감을 보여주는 기획은 메시지에 각을 세

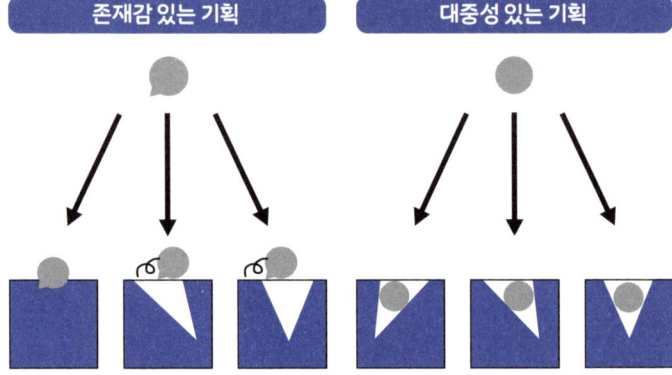

워 감정에 깊게 파고드는 경우입니다. 메시지 각을 세울수록 더 깊이 파고들 수 있고요. 하지만 대중성은 그만큼 낮아집니다. 최악의 경우 누구에게도 공감을 얻지 못할 수 있습니다.

서점에서 보이는 기획 관련 책 제목과 달리, 기획에서 실패율을 낮추는 방법은 있어도 100% 성공시키는 방법은 없습니다. 그런 방법이 있다면 지금 저도 이 책을 쓸 시간에 그런 기획에다 투자하고 있겠지요.

기획이 성공하려면, 좋은 기획이 뭔지 고민하느라 시간 보내지 말고 일단 남들에게 내놓아야 합니다. 그리고 기획이 파고들 만한 사람을 찾아야 합니다. 99명을 두루 만족시킬지, 1명에게 강력하게 파고들지 선택해야겠죠. 일단 누군가의 감정에 파고들어 퍼진다면 그것이 '좋은 기획'입니다. 메시지가 1명에게 파고들지, 99명에게 파고들지, 100명에게 파고들지 기획 단계에서는 알 수 없습니다.

숨 쉬는 것 빼고
다 기획이다

    우리는 매일매일 기획하며 산다고 앞에서 말했습니다. 내가 무언가를 결정해 행동하고 누가 그 행동에 반응한다면 모두 기획입니다. 기획은 신사업 개발이나 콘텐츠 제작에만 필요한 게 아닙니다.

    A와 K는 영업부 동료로 항상 점심을 같이 먹는 사이입니다. 그런데 A가 K에게 "매일 가는 라멘집 말고 오늘은 인도 커리 어때요?"라고 제안합니다. K는 라멘 마니아로 항상 점심에 라멘을 먹자고 했었습니다. 하지만 오늘은 "그럴까요? 가끔 새로운 것도 좋죠"라고 답합니다. 성과를 냈으니 A의 훌륭한 기획이라 할 수 있지요. 이렇게 생각하면 오늘 점심, 내일 술 약속, 다음 달 여행

등 일상의 온갖 일이 기획입니다.

내일이 주말이라고 해봅시다. 주말을 알차게 보내기 위해 우리는 무엇을 할지 고민합니다. 피트니스클럽에서 운동을 할지, 멋진 카페에 가서 차를 마신 다음에 점찍어둔 네일숍에 갈지 등을 결정합니다. 결정이니 이것도 기획이지요.

그런데 결정이라 해서 꼭 뭔가를 해야 하는 건 아닙니다. '휴일엔 아무것도 하지 말자'고 결정할 수도 있습니다. 아무것도 결정하지 못하고 빈둥거리다 저녁이 돼버린 휴일과, 아무것도 안 하기로 결정하고 빈둥거린 휴일의 만족감은 천양지차입니다. 무엇이든 내가 결정하면 삶의 주도권이 생기고 자기긍정감도 높아집니다. 아무 결정 없이 시간만 보내다 '학교 운동장이라도 뛸걸'이라든지 '그냥 동네 네일숍이라도 갈걸'이라 후회하면 너무 찜찜하잖아요.

기획력을 키우는
생각법

　직업과 삶에 대한 결정도 당연히 기획입니다. 직장인이라면 동료와 퇴근길 술집에 들러 상사와 회사에 대한 푸념을 늘어놓을 때가 많을 겁니다. 술집이 아니더라도 SNS에 푸념을 늘어놓기도 합니다.
　직장 생활에서 불합리한 일이 없을 수는 없습니다. '어쩌다 보니' 주변 사람들에게 휩쓸려 취업을 준비하다 '어쩌다 보니' 합격한 직장에 들어와 원치 않던 일을 한다는 생각이 머릿속을 떠나지 않습니다. '이런 삶을 원한 게 아닌데', '다른 길이 있지 않을까' 하고 계속 미련이 남아 푸념이 끊이지 않습니다. 푸념을 늘어놓고 나면 잠깐은 시원하겠지만 여전히 문제는 해결되지 않습니다.

직장에 불만이 있으면 일이 제대로 될 리 없죠. 하지만 그 상태로 있어봤자 본인만 손해입니다. 일하는 자세를 나름대로 생각해 결정해보세요. 뭔가 대단한 결정이 아니라도 좋습니다. '저 망할 놈이 그만둘 때까지 버티자'고 결정하면, 또 투덜대거나 험담할 순간에도 '이게 월급쟁이의 삶이지!'라는 페이소스 속에 조금은 마음이 풀릴 겁니다.

저도 직장인 시절 거의 매일 술을 마시며 회사와 상사에 대한 불평불만을 늘어놓았습니다. 저 같은 경우는 '상사 욕도 좋은 술안주잖아? 나는 안주 사러 회사 가는 거야'라고 생각하기로 했습니다. 그 뒤로는 푸념을 나름대로 즐기며 살았습니다. 이런 저와 어울렸던 후배와 동료는 술자리에서 참 힘들었을 겁니다. 늦게나마 미안한 마음을 전합니다.

심리학 용어 중에 '자기통제감'이라는 게 있습니다. 사람이 자기 자신이나 주위를 통제하는 능력을 뜻하는데, 자기통제감이 높을수록 스트레스에 대한 내성과 행복도가 높아집니다. 나쁜 상황과 결과라도 '스스로' 결정 혹은 기획했는지에 따라 행복에는 큰 차이가 있습니다. 내가 하지 않은 결정으로 나쁜 결과가 나오면 걷잡을 수 없이 화가 나고 참기 어렵지만, 내 결정으로 나쁜 결과가 나왔다면 스트레스가 비교적 덜한 이유입니다.

무한한 가능성이 있어도 내가 선택하고 결정하지 않으면 전혀 소용이 없습니다. 하나라도 스스로 선택하고 결정해야 인생이 행복합니다. 제가 삶이 기획이라고 말하는 이유입니다.

또한 결정은 기획의 요소이자 가치이기도 합니다. AI를 예로 들어보죠. 오늘날 AI는 점점 사람에게 필수적 존재가 되고 있습니다. 어느 시대나 기술은 귀찮음을 해소하고 효율을 높이는 방향으로 진화합니다. AI는 우리의 생활을 효율적으로 만들고, 귀찮은 부분을 해결해주고 있습니다.

AI는 빅데이터를 바탕으로 "이것을 해보세요", "그 일은 이때 하는 게 어때요?", "이런 방법도 있어요" 등 우리에게 도움이 되는 선택지를 제시합니다. 앞으로 AI는 더욱 시시콜콜한 선택지까지 제시할 겁니다. 하지만 AI는 제시만 할 뿐입니다. 결정과 선택은 결국 사람의 몫입니다. 아무리 AI가 99% 성공하는 방법을 제시해도 사람은 성공률 1%의 선택지를 고를 수 있습니다.

태양 아래 새로운 건 없습니다. 세상의 모든 아이디어나 기획 역시 기존의 아이디어나 기획을 바탕으로 만들어집니다. 그렇다면 AI가 빅데이터를 조합해 최상의 선택지를 갖춘 기획을 하는 것도 가능해질 겁니다. 그러면 기획의 가치는 어디서 나올까요? 바로 사람이 선택했는지 여부에서 나올 겁니다. AI 시대에서도 기획이 결정이라는 명제는 바뀌지 않습니다.

제약을 재미로 바꿔야
기획자다

삶에서든 회사에서든 우리는 결정을 통해 선택지를 줄여나 갑니다. 선택지를 줄이는 데 중요한 요소 중 하나가 '이미 결정된 것', 즉 전제조건입니다. 회사 기획의 경우 '예산은 얼마 이하로', '납품은 언제까지', '프레젠테이션은 몇 분 이내로' 등과 같은 전제조건이 달린 때가 매우 많습니다. 오히려 전제조건이 없는 경우를 찾기 어렵죠. 그러니 일하다 보면 '일주일만 더 주면 이것보다 잘 만들 수 있는데', '예산이 얼마만 더 있으면 이것까지도 가능한데' 같은 생각이 떠나지 않습니다. 마치 전제조건이 기획의 자유를 빼앗는 제약 같습니다.

하지만 전제조건은 기획의 중요한 성공 요소 중 하나입니다.

주변을 둘러보면 예산과 시간의 한계를 참신한 소재와 구성으로 돌파한 콘텐츠가 많습니다. 영상 광고의 경우 대부분이 30초를 넘지 않습니다. 그러다 보니 30초 안에 최대한 주목을 끌어야 합니다. 그만큼 창의적이고 기발한 아이디어가 나오죠. 시간의 제약이 오히려 광고의 기발함을 최대한 뽑아내는 요소인 셈입니다.

제약이나 걸림돌, 전제조건이 없는 기획은 존재하지 않습니다. 게임의 재미 요소 중 하나가 적절한 난도인 것과 같습니다. 장르마다 다르겠지만 게임이 너무 쉽거나 미션이 없다면 그 게임을 할 이유가 있을까요?

최근에 특히 중요해진 전제조건은 '정치적 올바름'입니다. 콘텐츠에 정치적 올바름에 대한 요구가 커지니, 콘텐츠를 만들다 보면 "괜히 말 나오게 하지 마", "애초에 욕먹을 거리를 만들지 마"라는 이야기를 들을 때도 많습니다. 그래서인지 "이것저것 다 맞추다 보니 재미있는 기획이 안 나와요"라는 푸념이 나오고 "요즘 콘텐츠는 왜 이리 점잖기만 해요?"라는 소비자들의 불만도 있습니다. 이 또한 제약이죠. 이런 상황에서도 재미와 답을 찾아 결정하는 게 기획자의 일입니다. 제약 때문에 기획하기 힘들다는 말은 비겁한 변명입니다.

돈이 돼야 기획이다

업무로서의 기획은 수익을 떼놓고 말할 수 없습니다. 아니, 애초에 붙어 있습니다. 동전의 양면처럼 말이죠. 여기엔 두 가지 이유가 있습니다.

첫 번째, 기획을 실행하는 데는 조직과 돈이 필요하기 때문입니다. 해당 기획 경력이 있는 실무자를 고용하거나 조직을 만들어야 한다면 그 구성원에 대한 보수와 인센티브도 감안해야 합니다. 당연히 조직 규모와 자금력이 클수록 브랜드 이미지, 자금 및 인재를 활용하기에 유리합니다.

기업이 존재하는 이유는 당연히 이윤 창출입니다. 돈이 된다 싶은 기획은 일사천리로 채택됩니다. 반대로 취지는 훌륭한데 돈이 안 되는 기획을 발표하면 "근데 이걸 하려는 목적이 뭐예요?", "우리가 자선사업가는 아니잖아요"라며 핀잔받기 십상입니다.

회사 행사에 쓸 레크리에이션 프로그램을 기획한다 해봅시다. 재미없지 않을 정도로 무난하게 시간을 채우는 프로그램을 짤 수도 있지만, 게임적 요소를 극대화하거나 다른 곳에서도 써먹을 수 있게 프로그램을 짠다면 어떨까요? 하루짜리 행사 프로그램이 대중적인 게임이 될 수도 있습니다. 회사 내부 반응이 좋아 정식 기획으로 채택될 수도 있고, 자기네 행사를 기획해달라고 다른 회사에서 제안이 올 수도 있습니다. 예전엔 조직이 개인의 능력을 활용했다면, 이젠 개인도 조직을 이용할 수 있는 시대입니다. 조직의 힘으로 자신의 아이디어를 효율적으로 실현하거나 규모를 키우는 것이 얼마든지 가능해졌고, 그래야 조직도 성공할 수 있습니다.

두 번째, 수익 없는 기획은 지속 가능성이 없기 때문입니다. 지속하지 못하는 기획은 결국 실패합니다. 사람들이 기획의 존재를 알아차릴 때까지는 일정한 시간이 필요합니다. 그 기획을 알아차린 사람들의 감정이 움직이고 공감하는 데는 일정한 시간이 필요합니다. 기다리면 돈으로 돌아온다는 믿음을 주지 못하는 기획은 오래가지 못합니다.

비영리 활동이나 자원봉사 단체도 마찬가지입니다. 물 부족

지역에 식수를 공급하는 자원봉사 단체가 있다고 해봅시다. 일단 참여자 봉사나 기부금으로 활동을 시작할 수는 있습니다. 그러나 경기 침체 등의 이유로 자금 사정이 어려워지면 활동이 오래 가지 못합니다. 실제 자원봉사 단체나 비영리 단체가 자금난 등의 이유로 운영을 중단하는 경우가 적지 않죠. 식수 공급을 지속적으로 하기 위해서는 현지에서 식수 공급 및 관리를 유지할 수 있는 시스템을 구축해야 합니다. 여기에 드는 비용을 생각하면 식수는 최소한이라도 돈을 받고 팔아야 합니다.

마이크로소프트 창업자 빌 게이츠는 2011년 개발도상국 사람들을 위해 안전하고 청결한 화장실을 개발하는 프로젝트를 시작하면서 주택 설비 기업인 릭실LIXIL 등과 손잡았습니다. 프로젝트를 비즈니스로도 지속시켜야 한다는 판단에서였습니다. 이러한 노력으로 첫 시범 사업국인 방글라데시에서는 2019년에 흑자 전환에 성공했습니다.

기획에서 수익 문제는 대단히 중요한 조건입니다. 단순히 '돈이 되는가'의 문제가 아니라 문제의 근본적 해결과 본질적 가치에 대한 문제입니다. 우리가 어떤 기획을 하든지 "그 기획 돈 돼요?"라고 묻거나 생각하는 버릇을 들여야 하는 이유입니다.

콘텐츠, 미디어 그리고 기획

여기서는 콘텐츠, 미디어, 기획 간의 관계를 보겠습니다. 기획은 눈에 보이지 않는 부분부터 시작됩니다. 하나의 콘텐츠를 내보내기까지가 기획인 경우도 있고, 여러 콘텐츠를 내보내 그것이 미디어로 인식되기까지가 기획인 경우도 있습니다. 기획은 늘었다 줄었다 하는 시간 축과 비슷합니다.

기획, 콘텐츠, 미디어는 서로 떼려야 뗄 수 없는 관계입니다. 예전에 제가 책을 쓰면서 '세상의 모든 것은 콘텐츠'라고 말한 적이 있는데, 콘텐츠는 기획이라는 일련의 과정을 거쳐 만들어집니다. 기획은 '무언가를 콘텐츠로 만들자'는 시도입니다. 세상의 모든 것이 콘텐츠이지만, 사람들이 콘텐츠라 인식하지 않으면 그것은

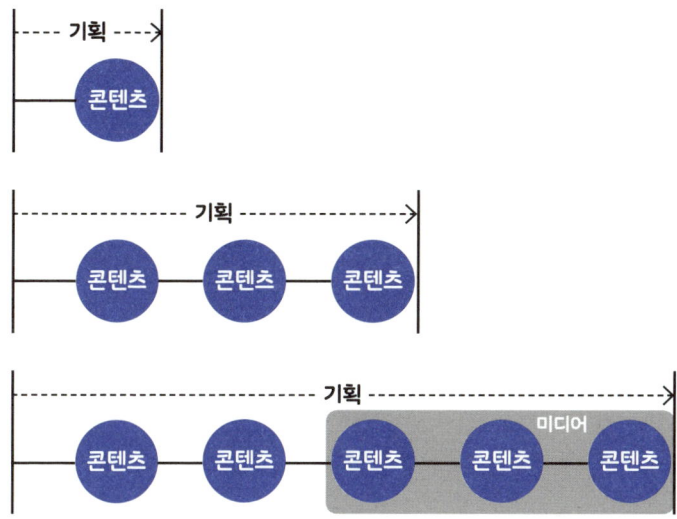

콘텐츠가 될 수 없습니다.

예를 들어 그냥 자갈길에 '발사랑 지압길'이라 이름을 붙이면 콘텐츠가 됩니다. 여기서 '발사랑 지압길'이라 이름을 붙이는 것이 바로 기획입니다. 그리고 의도를 가지고 콘텐츠를 지속적으로 알리면 미디어가 됩니다.

이 관계에서 보듯이 미디어는 콘텐츠가 있어야만 존재합니다. 예를 들어 기획자가 '자갈길을 맨발로 걸으면 건강에 좋으니 관련 콘텐츠를 알리자'고 기획해 SNS 채널에 콘텐츠를 올립니다. 그렇게 꾸준히 콘텐츠를 여러 개 올려서 '발 건강에 대한 정보를 얻고 싶으면 저 채널에 가면 된다'고 사람들이 인식하면 그 SNS 채널은 '발 건강에 도움이 되는 미디어'가 됩니다. 제아무리 SNS 채널이 보기 편하고 디자인이 멋지더라도 기획된 콘텐츠가 없다면 미디어가 될 수 없습니다.

2장

기획 전 몸풀기

기획에서도 예습, 복습이 중요합니다. 기획안을 쓰면 다들 마케팅 조사 및 자료 검토를 하고 이를 바탕으로 기획이 나오죠. 그런데 남과 같은 수준의 기획안을 더 빨리 낼 수 있다면? 기획에 쓸 만한 정보를 미리 잘 골라서 평소에 정리해두면 기획의 성공률이 높아집니다.

머리만 채워도
일류 기획자

    기획이란 백지상태에서 아이디어를 내놓는 작업이 아닙니다. 내 머릿속 정보를 통해 이미 존재하는 대상의 범위를 넓히거나 좁히고, 교체하거나 조합을 바꾸는 작업입니다. 그러므로 머릿속에 정보나 재료가 많지 않으면 기획은 나올 수 없습니다. 재료가 많을수록 선택지가 늘어나니 다양한 기획을 쉽게 만들 수 있죠.

    선택지를 늘리는 것 외에도 재료가 많아야 하는 이유는 또 있습니다. 머릿속에 그린 기획의 이미지를 쉽게 공유하기 위해서입니다. 기획을 실현하려면 많은 사람과 협력해야 합니다. 자신이 생각한 이미지를 상대방에게 전달하려면 어떻게 해야 할까요? 여러 방법이 있겠지만 가장 효과적인 방법은 이미 존재하는 대상과의 유사점과 차이점을 토대로 설명하는 것입니다. 예를 들어 '그 애니메이션 마지막 장면에 나오는 주인공의 대사처럼'이라든가 '그 영화에 나오는 악역 누구' 등의 말을 덧붙이면 이미지를 잘 전달할 수 있습니다. 이때 상대방이 머릿속에 떠올릴 만한 정보가 부족하면 기획 이미지를 효과적으로 공유할 수 없습니다. 신문이나 영화 등 이미 편집된 콘텐츠는 물론 누군가와의 짧은 잡담, 새로운 곳을 산책하는 것 등 새로운 발견으로 이어지는 모든 것이 정보가 될 수 있습니다.

"좋은 기획을 하려면 어떻게 해야 하나요?"라는 질문을 받으면 저는 "잘나가는 콘텐츠는 일단 모두 확인하세요"라고 말합니다. 성공적인 콘텐츠를 많이 알고 있다는 것은 그만큼 '코드'를 많이 가졌다는 뜻입니다. 특히 요즘에는 라이프스타일이 다양해지면서 미디어의 수도 늘어났습니다. 미디어마다 수많은 성공작이 있습니다.

대상과 코드로 머리를 채우면 다양한 동료들을 더 많이 만들 수 있습니다. 이것만으로도 다른 기획자들과 차별화될 수 있습니다.

남들보다 빨리
머리를 채우는 법

　세상에는 정보가 엄청나게 많습니다. 최근의 화젯거리, 명작이라 불리는 것, 자신이 좋아하는 것들을 전부 보려면 몇 번의 인생을 살아도 부족합니다. 어떻게 하면 편하고 효율적으로 머리를 채울 수 있을까요?

　제가 추천하는 방법은 '남의 생각을 빌리는' 것입니다. 영화 목록이 1000편 있다 해도 주변인이나 유명 평론가들의 추천 등으로 걸러내면 10편으로 추릴 수 있습니다. 이를 통해 효율적으로 머리를 채울 수도 있고, 때론 전혀 관심이 없던 대상에 대해서도 알 수 있습니다.

　평소에 업무 아니면 라멘 이야기밖에 안 하는 과묵한 K가 "그 애니메이션에 나온 동네에 가보고 싶어서 저번 주말에 심야 버스를 탔지"라고 열정적으로 말하는 것을 들으면, 관심이 없었어도 그 애니메이션에 자연스레 관심이 갑니다. '나도 한번 볼까?' 하는 마음도 생깁니다. 설령 그 애니메이션을 보지 않는다 해도 사람들이 그 작품의 어떤 점에 끌렸는지를 알 수 있습니다.

으레 사람들은 관심 있거나 좋아하는 대상에 대한 정보라면 민감하게 주의를 기울입니다. 관심 없는 정보는 좀처럼 머리에 넣지 않습니다. 사람의 뇌가 시청각을 통해 들어오는 방대한 정보를 취사선택하기도 하고, 인터넷에서는 웹사이트 방문자 이력을 추적해 광고를 보여주는 리타기팅Retargeting 등이나 정보의 큐레이션이 잘돼 있어 새로운 정보를 접하기가 전보다 어려워졌습니다. 이런 상황에서 정보를 모으면 아무래도 장르나 기호가 한쪽으로 쏠리기 쉽습니다. 관심사가 다른 이들의 큐레이션에도 적절히 주의를 기울여야 하는 이유입니다.

물론 일상생활에서는 정보의 쏠림이 크게 악영향을 주진 않습니다. 자신에게 잘 맞는 커뮤니티 안에서 가급적 스트레스를 덜 받으며 사는 것은 공동체 사회를 살아온 사람의 근본적 욕구이기도 하니까요.

하지만 기술 발달로 마음 맞는 소수가 새로운 커뮤니티를 만들고 편하게 커뮤니케이션할 수 있는 환경이 마련됐습니다. 이 흐름은 더욱 빨라질 것입니다. 그럴수록 다양한 커뮤니티에 대해 자세히 알진 못해도 어느 정도는 이해하며 커뮤니티 사이를 자유롭게 왕래하고 연결하는 사람은 희소성만으로도 가치 있는 인재가 될 겁니다. 더구나 기획에서 다양한 분야의 정보를 '편하게' 수집하는 능력의 중요함은 아무리 강조해도 지나치지 않습니다. 여기서는 남의 생각을 빌려 정보를 수집하는 네 가지 방법을 소개합니다.

10분만 잡담해보기

첫 번째 방법은 잡담입니다. '최근에 재미있는 유튜브 영상이 무엇인지'라든가 '요즘 유행하는 영화는 이거다' 같은 평범한 대화가 기획의 실마리가 될 수 있습니다. 물론 가족이나 직장 동료와의 일상 속 잡담도 중요하지만, 저는 계획적인 '10분 잡담'을 추천합니다. 잡담을 하려고 사람을 직접 만날 필요는 없습니다. 줌 Zoom 같은 인터넷 플랫폼을 이용해도 괜찮습니다. 코로나19를 계기로 온라인 커뮤니케이션이 일반화되면서 가능해진 방법입니다. 전화보다 조금 더 밀접한 커뮤니케이션 정도의 느낌입니다.

시간을 정했지만 어디까지나 잡담이니 본격적으로 기획에 관한 이야기를 할 필요는 없습니다. '남편 코 고는 소리가 시끄럽다'라든지 '회사 근처 중국집 남자 점원이 훈남이다'라든지 '셀럽 누가 뒷광고를 했더라' 등과 같이 상대방과 편하게 나눌 수 있는 이야기를 하면 됩니다.

처음에는 '갑자기 잡담하자고 말을 걸면 이상하게 생각하지 않을까?'라는 망설임이 생길지도 모릅니다. 하지만 '대화하고 싶다'는 메시지를 불쾌하게 받아들일 사람은 거의 없지 않을까요? 다만 '시간을 오래 뺏기고 싶진 않다'고 생각하는 사람은 많을 겁니다. 그러니 "딱 10분만 얘기해요"라는 식으로 미리 시간을 정해두는 것이 포인트입니다. 그러면 상대도 안심하고 잡담에 응할 수 있습니다.

예전이라면 얘기하는 것도 부탁하기가 쉽진 않았습니다. 비록 10분이지만 직접 만나야 하니 오가느라 시간을 쓰고, 대화할 공간도 준비해야 합니다. 이렇게 찾아온 상대와 대화하다 "10분 지났으니 다음에 얘기하시죠"라고 말하기도 민망합니다. 말하자면 계획적인 10분 잡담은 온라인 소통이 가능해진 새로운 시대가 가져다준 정보 입력 방법입니다.

대화 상대는 누구라도 좋습니다. 가능하다면 요새 대화가 뜸했다 싶은 상대면 더 좋겠죠. 한동안 만나지 못한 사람에게는 새로운 정보가 있을 확률이 높기 때문입니다. 시간과 정보량은 비례합니다. 예를 들어 다큐멘터리 영상을 찍을 때, 좋은 작품을 만드는 요령 중 하나는 장시간 밀착 촬영을 하는 것입니다. 촬영 시간이 길면 좋은 일, 나쁜 일을 모두 찍을 수 있고, 좋은 일이 일어난 계기나 나쁜 일이 일어나기 전의 상황도 찍을 수 있습니다. 우발적인 장면뿐 아니라 인생을 살면서 겪는 대소사, 예를 들어 졸업이나 실연, 결혼이나 퇴직 등도 영상에 담을 수 있겠죠. 오래 찍어서 담긴 수많은 사건을 편집하면 내러티브의 밀도가 그만큼 높아집니다.

마찬가지로, 오랜만에 만난 상대에게는 집안의 대소사를 포함해 그간 내가 알지 못한 새로운 정보가 많습니다. 그 풍부한 이야깃거리를 10분으로 정리해 공유하는 것만으로도 서로에게 신선하고 의미 있는 대화 시간이 됩니다. 물론 그간 연락이 뜸했던 사람과 이야기를 나누는 그 자체로도 기분 좋을 테고요.

정보의 가성비를 높이기 위해 직접 가보기

기획의 주요 타깃에 대한 정보는 어떻게 수집할까요? 대부분 인터넷에서 찾아봅니다. '최근 20대 여성에게 유행하는 것', '덕후들 사이에서 무엇이 유행한다'는 트렌드는 인터넷만 훑어봐도 대략적으로 알 수 있습니다. 요즘엔 영상으로 올라오는 정보도 많아졌습니다. 영상 특성상 상당량의 정보를 얻을 수 있기에 효율적입니다. 그러나 역시 직접 가거나 만나서 보고 듣거나 체험하는 것은 매우 중요합니다.

요사이 많은 미디어가 직접 현장을 취재하지 않고 인터넷 정보만으로 기획을 하거나 콘텐츠와 기사를 제작합니다. 당연히 현장을 취재해 만든 기획과 차이가 날 수밖에 없습니다. 그리고 당사자의 감정을 배제한 정보만으로 기획을 한다면 탁상공론이나 '방구석 기획'이 되기 십상입니다. 그럴싸한 기획은 가능할지 몰라도, 사람의 감정을 움직이는 기획은 만들 수 없습니다. 여기서 말하는 당사자는 타깃만을 의미하지 않습니다. 기획자도 현장을 직접 취재함으로써 당사자가 되며, 기획에 감정을 담을 수 있습니다.

제가 BL(Boy's Love, 남성 간의 연애물) 만화를 기획할 때 일입니다. BL 장르를 좋아하는 타깃을 조사하려고 저는 도쿄 이케부쿠로의 '오토메 로드'를 여러 번 방문했습니다. '아가씨들의 거리'라는 뜻의 오토메 로드는 이름 그대로 여성 취향의 애니메이션과 코스프레 관련 상품을 파는 가게가 많은 곳입니다. 거리에서 느껴지는 분위기와 여성들의 열정은 말로 표현할 수 없을 만큼 독특했습니다. CD와 배지 같은 아날로그 느낌의 MD를 열심히 고르는 모습을 보고 새삼 놀라기도 했죠. 더욱 놀라웠던 점은 그들이 하나같이 세련되고 멋스러운 외모에 명랑해 보였다는 사실입니다. '애니메이션의 성지'라 불리는 아키하바라의 오타쿠 남성들처럼 오토메 로드의 여성들도 외모에 그다지 신경쓰지 않는 내성적인 모습이겠거니 생각했는데 말입니다. 그간의 선입견이 부끄러웠습니다.

그 후 조사를 계속하면서 BL이 이미 일반화된 장르라는 사실도 알았습니다. 어느 시대나 일정 수준으로 커진 하위문화는 일반화됩니다. 그중 일부는 더 세분화돼 가장 니치한 집단이 배타적 존재로 남습니다. 패션계를 떠올리면 이해하기 쉬운 현상입니다. 지금 많은 사람이 평상시 입고 다니는 옷도 10년 전에는 혁신이고 파격이었습니다. 옷 때문에 따가운 시선을 받기도 했죠. 아키하바라와 오토메 로드로 대표됐던 '특이한 취향'은 이미 대중에게 받아들여져 특정 타깃으로 구체화하는 게 큰 의미가 없어진 뒤였습니다.

매스미디어나 영향력 있는 인터넷 미디어에선 반 발짝 느린 정보를 제공할 때가 종종 있습니다. 사실 그 미디어가 뒤처진 것이 아니라 많은 사람의 관심을 끌기 위한 기술입니다. 일부러 느린 정보를 내보내는 거죠. 그 이유는 그들의 주요 소비자가 후기 다수자 Late Majority이기 때문입니다. 그들이 별로 관심을 보이지 않는 분야의 정보는 기본적으로 늦게 소개되기 마련입니다. 그러니 정보를 빠르게 얻고 싶다면 매스미디어나 인터넷에만 의존해선 안 됩니다.

현장에서만 느낄 수 있는 정보는 가치가 높은 경우가 많습니다. 발로 뛰어야 하는 수고로움이 있지만, 인터넷에서만 정보를 수집하는 것보다 노력 대비 효과가 뛰어나서 오히려 가성비가 좋다고도 말할 수 있습니다. 물론 기획 시작 단계에서는 인터넷 정보 수집도 필요합니다. 하지만 현장의 분위기와 모습을 직접 체험하면, 현장과 타깃의 감정을 직접 느낄 수 있고 자연히 다른 기획자와 비교해 정보가 차별화됩니다.

SNS에서 편하게 공감 요소 찾기

오늘날 다양한 SNS가 있지만, 그중에서도 저는 트위터가 기획을 위한 정보 입력에 필수적 도구라고 생각합니다. 트위터는 '공감'을 아주 쉽게 수치화해 보여주기 때문입니다. 한마디로 '리트윗'이나 '좋아요'가 많은 게시물은 요즘 사람들이 공감하는 요소를 가졌다는 뜻입니다. 물론 게시자의 영향력에 따라 차이가 있기에 이 수치를 그대로 공감으로 치환하기 어려운 경우도 있습니다. 하지만 팔로어 수가 적은데도 화제가 된 트윗이라면 많은 이들이 실제 공감한 결과라 볼 수 있습니다.

또한 공감을 의식해서 팔로어를 늘리는 계정이 늘어나고 있어, 피드를 보는 것만으로도 다양한 각도에서 공감을 확인할 수 있습니다. 내 의견과의 차이점도 발견할 수 있고, 기획에 방해가 되는 선입견이나 편향된 데이터 등을 수정할 수도 있습니다.

리트윗에는 크게 두 종류가 있습니다. 하나는 '내가 좋아하는 누군가를 응원'하는 것이고, 다른 하나는 '내가 직접 말할 정도는 아니거나 그럴 위험을 감수하고 싶진 않은 주장을 대신 말해주는 트윗에 응원'하는 것입니다. 후자의 리트윗에는 이른바 침묵하는 다수Silent Majority처럼 사회 표면으로 드러나지 않는 이들의 생각과 불만이 존재합니다. 특히 조금씩 쌓이는 울분은 한순간에 사람을 강하게 움직이므로 기획의 큰 실마리가 될 수 있습니다.

그래서 기획자는 SNS 글을 고작 의견 하나일 뿐이라고 쉽게 지나치면 안 됩니다. 누구나 자신의 팔로어는 소중합니다. 인플루언서인데 팔로어가 수십 명 정도뿐이라 해도 말이죠. '무슨 내용을 써야 팔로어들이 공감해줄까? 이런 글은 욕먹지 않을까?', '어떤 글을 리트윗하면 센스 있어 보일까?' 등을 고민하면서 세심하게 글을 올립니다. 이렇게 섬세한 사고의 집합체라는 사실을 이

해한다면 트위터는 SNS 중에서도 매우 편리하게 정보를 얻을 수 있는 도구입니다. 요사이는 인스타그램을 하는 사람이 많은데, 대중의 드러나지 않는 감정을 보려면 트위터를 돌아보는 것이 더욱 도움이 됩니다.

텔레비전 프로그램 10배속으로 보기

이건 저만의 방법인데, 텔레비전 프로그램을 10배속으로 보기입니다. 요즘 프로그램은 누가 봐도 쉽게 이해할 수 있도록 편집되고, 특히 음성을 자막으로 많이 처리하기에 10배속으로 봐도 영상이 어떤 내용인지 충분히 이해할 수 있습니다.

이 방법은 제가 방송사 편성제작국에서 일할 때부터 익힌 것입니다. 확인할 프로그램이 너무 많으니 어쩔 수 없이 생각한 방법이죠. 제가 온갖 채널의 프로그램까지 당연히 다 볼 것이라 사람들이 생각했는지, 주변 사람들에게 "그 프로그램 어떻게 생각하세요?" 같은 질문을 자주 받았습니다. 물론 경쟁사 프로그램에 대한 분석은 중요하지만, 다 합치면 매일 100시간도 넘는 프로그램을 전부 확인하는 것은 사실상 불가능합니다. 어쩌면 10배속으로 보기는 '본 척'을 하기 위해 선택한 꼼수였습니다. 이젠 방송사를 떠났기 때문에 그럴 필요가 없어졌지만, 저는 여전히 텔레비전 프로그램을 10배속으로 봅니다. 이 방법이 기획에도 효과적이란 사실을 깨달았기 때문입니다.

텔레비전은 매스미디어이므로 대중이 흥미를 느낄 만한 내용(또는 흥미를 느낄 것 같은 내용)을 매일 내보냅니다. 좁은 타깃이 아닌 사회 전체의 분위기를 파악하기에 편리한 미디어죠. 텔레비전 프로그램도 자연히 내용이나 주제가 세태에 좌우되기 쉽고, 분위기나 느낌처럼 언어화할 수 없는 시각 정보를 강조하는 경우가 많습니다. 수집하려는 정보의 내용이 명확하다면 유튜브 영상을 보는 것이 효율적이지만, 사회 전반의 분위기를 파악하려면 텔레비전 프로그램이 적합합니다.

기획자에게 '대중적 감각'은 큰 무기입니다. 1배속으로 받아들일 정보량이 적다고 생각이 든다면 재생 속도를 높여서 시간과 정보의 부족함을 해소하고, 다른 곳에서는 얻을 수 없는 대중의 감각도 키워보면 어떨까요?

정보가 오가는 '터미널'이 되자

"기획자가 될 수 있는 사람과 아닌 사람의 차이는 뭔가요?"라는 질문을 받은 적이 있습니다. 처음에는 저도 그 차이가 뭔지 생각나지 않았습니다. 하지만 곰곰이 생각해보니 제가 의지하거나 존경하는 기획자는 하나같이 정보의 '터미널'이라는 사실을 깨달았습니다.

터미널이라 하니 전문가와 비슷한가 싶지만 이 둘은 약간 다릅니다. 전문가는 특정 분야를 잘 알아서 상담받을 수 있는 사람입니다. 반면에 터미널은 분야를 막론하고 '이 사람한테 말해볼까?', '이 사람이면 해결해줄지도 몰라' 하며 찾게 되는 사람입니다. 자연히 터미널과의 상담 내용은 희로애락을 비롯한 다양한 감정과 연결됩니다. 다양한 상담 내용이 모인다는 것은 단순한 정보 요청만 오는 게 아닙니다. 그와 연관된 '감정'도 함께 모이죠. 기획이란 '사람의 감정을 움직이는 일'이니 다양한 감정이 담긴 정보가 모이는 상황은 기획자에겐 매우 유리합니다.

이런 터미널이 되려면 먼저 정보 발신자가 돼야 합니다. 정보는 정보끼리 모이는 성질을 가지기 때문입니다.

라멘 마니아 K는 "오늘 점심에 드디어 그 라멘을 정복했어!"라든가 "회사 앞에 새로 생긴 라멘 가게 괜찮던데요?"라는 식으로 항상 동료들에게 라멘 이야기를 합니다. 자연히 사람들은 라멘에 대해서는 K에게 물어보면 된다고 생각합니다. 그러다 보니 "혹시 그쪽에 맛있는 라멘 가게 알아?"라든가 "이번 주말에 데이트해야 하는데 여자친구랑 같이 갈 만한 라멘 가게 있나요?"라고 상담이 모입니다. 상담 하나하나에는 큰 의미가 없을 수도 있지만, 상담이 모이면 '요즘은 그쪽 동네 라멘에 사람들 관심이 많다'라든가 '젊은 사람들도 요즘 데이트 코스로 라멘 가게에 꽤 가더라' 등과 같이 정보로서 의미가 생깁니다.

정보 발신자가 되려면 먼저 '저 요즘 여기에 꽂혔어요', '제가 제일 좋아하는 것은 이겁니다'라고 자기 마음의 위치를 발신하면 됩니다. 그리고 정보가 자연스럽게 모이는 상태를 만들면, 그 정보를 바탕으로 새로운 기획을 만들 수 있습니다. 만약 K라면 '요즘 10대가 먹는 라멘 특집'이라든지 '데이트 때 여자들도 좋아하는 라멘 가게 베스트 3' 등을 기획할 수 있습니다.

기획자로서 '더 높은 곳'을 목표로 한다면 아는 사람만 아는 정보나 사회적 가치가 높은 고급 정보가 모이는 상태를 꿈꿉니다. 정보는 정보끼리 모인다고 말했듯이 고급 정보 역시 고급 정보끼리 모입니다.

한 IT 회사 대표와 정기적으로 식사를 한 적이 있습니다. 저보다 띠동갑 이상 어린 나이임에도 대단히 유능하고 존경스러운 분이어서, 일로 만난 사이였지만 사적으로도 친분을 쌓았습니다. 그와 식사를 하면 항상 신선하고 눈이 번쩍 뜨이는 이야기를 들을 수 있었습니다. 무척 즐겁고 의미 있는 시간이라 앞으로도 그런 자리를 계속 만들고 싶었습니다. 그러다 문득 '그 사람은 왜 나랑 밥을 먹지?'라는 의문이 들어 갑자기 불안해졌습니다. 그리고 '나한테 무엇인가 얻으려 하겠지'라는 것도 뒤늦게 깨달았습니다. 부끄럽게도 저는 친분이 있다는 데 만족하고 상대방의 의중은 꿈에도 생각하지 못했던 겁니다.

초조해진 저는 그가 관심을 가질 만한 정보를 준비하기 시작했습니다. 준비할 때 조금 힘들었지만, 전보다 더 의미 있고 즐거운 식사 시간을 보낼 수 있었습니다. 그렇게 몇 번인가 만난 후 "왜 저랑 이렇게 식사를 하십니까?"라고 물었습니다. 그러자 "만날 때마다 주시는 정보에서 배우는 게 많거든요"라는 대답이 돌아왔습니다. 내심 '매번 준비하길 정말 잘했다'고 안도하면서 "약속 전에 나름 열심히 정보를 준비했거든요!"라고 말했는데 그도 "아! 저도 그랬었는데요!"라고 답하지 않겠습니까? 알고 보니 둘 다 상대방을 위해 식사 자리를 준비했던 겁니다.

이 이야기의 포인트는 정보의 감도가 높은 사람들은 시간에 대한 의식도 높다는 겁니다. 본인의 시간은 물론 상대방의 시간도 낭비하고 싶지 않다는 예의이기도 합니다. 아마 그 대표는 저 말고 다른 사람을 만날 때도 대화에 쓸 정보를 준비할 겁니다.

물론 편한 친구 사이에 이렇게 했다간 뭔가 유별나다는 인상을 줄 수도 있습니다. 하지만 오랜만에 좋아하는 사람을 만날 때 '그렇게 유명하진 않아도 우리 동네에서 인기 있는 과자를 선물해볼까?'라고 생각하는 것과 본질적으로 크게 다를 건 없습니다. 배려와 애정이라고도 할 수 있습니다.

고급 정보는 인터넷이나 SNS에서는 좀처럼 얻을 수 없습니다. 남의 시간을 배려하지 않는 사람에게선 고급 정보를 얻기 힘듭니다. 고급 정보를 손에 넣을 수 있는 환경과 습관을 가진 기획자라면 존재 가치가 크게 올라갑니다.

기획은
물량 싸움이다

    이젠 누구나 자신의 메시지와 아이디어를 간단히 보여줄 수 있는 시대입니다. 기획에서 프로와 아마추어의 차이는 오래전에 사라졌습니다. 이제 누구에게나 평등하게 기회가 주어집니다.

    음악 스트리밍 서비스인 사운드클라우드에서 발표된 곡이 빌보드 차트에서 1위를 하는 것도 이제 드문 일이 아닙니다. 음악뿐 아니라 만화에서도 SNS를 통해 많은 스타가 탄생하고 있습니다. 일본에서 2019년 연말부터 2020년 초에 걸쳐 화제가 된 일상만화 〈100일 후에 죽는 악어〉도 트위터에서 시작된 작품입니다. 과거에는 대형 기획사나 출판사를 통해 콘텐츠가 나오는 것이 일상이었지만 이제는 대형 기획사나 출판사가 매일 SNS를 확인하며 콘텐츠를 발굴하고 있습니다.

누구에게나 기회가 있으니, 기획자 입장에서는 경쟁자가 많아져 자신의 기획이 묻히기 쉽다는 시대이기도 합니다. 특히 조직 내에서 콘텐츠를 만들던 크리에이터들에겐 더 큰 위기입니다. 그동안 기획에서 방송, 음악, 출판업 등은 법률과 관행의 테두리 안에서 높은 진입 장벽을 통해 외부로부터 보호받았습니다. 덕분에 돈과 시간을 들여 안정적으로 콘텐츠를 제작할 수 있었죠. 게다가 과거에는 콘텐츠 자체가 많지 않아서 소비자들이 '새로운 콘텐츠에 항상 굶주린 상태'였습니다. 일단 내놓으면 팔리는 시대였습니다.

아직도 이들 업계에는 달라진 세상을 인지하지 못한 채 '아마추어들의 기획은 세련되지 못하다'고 우습게 보는 이들이 있습니다. 대단한 착각입니다. 기획의 질은 소비자의 만족도가 결정합니다. 프로들의 눈에 조잡한 기획이지만 감정의 깊은 곳을 파고드는 데 성공했다면 충분히 좋은 기획입니다. 요즘은 콘텐츠가 엄청나게 다양하고 풍부하죠. 그리고 그 기획 하나하나가 누군가에겐 좋은 기획이 될 수 있습니다.

"양이 질을 낳는다"는 말이 있습니다. 원래 뜻은 '질을 높이기 위해서는 양을 늘려야 한다'지만, 요즘 같은 콘텐츠 민주화 시대에는 '양이 채워지면 질을 알아주는 사람을 찾을 수 있다'고도 해석할 수 있습니다. 이젠 아이디어를 알리는 기회가 평등하게 부여된 시대입니다. 물론 누구나 발신할 수 있다고 하지만, 실제로 많은 기획을 꾸준히 내놓는 사람은 찾아보기 힘듭니다. 그러니 물량으로 차별화를 시도하는 것도 방법입니다.

기획자를 꿈꾸는 학생을 포함해 제게 상담을 요청하는 사람들도 대부분 아이디어를 많이 내놓지 않더군요. 뭔가 하고 싶다면서 아무것도 하지 않는 사람을 보면 '저렇게 하소연할 시간에 유튜브에 영상 하나 올리겠네'라는 생각이 듭니다. 서툴고 어설퍼도 괜찮으니 꾸준히, 많이 기획을 내놓고 보여주세요. 나중에 내가 원하는 기획을 실현할 기회로 돌아옵니다.

기획 하나를 위한
100건의 초안 쓰기

저는 누가 기획안을 내라고 하면 바로 제출할 수 있습니다. 절대로 머리 회전이 빠르거나 발상을 잘해서가 아닙니다. 기획을 미리 모아놓았기 때문입니다. 모아놓은 기획 중에서 하나를 뽑아 바로 제출하면 동료들은 "와! 무슨 아이디어가 그렇게 바로 나와요?"라든가 "아이디어가 정말 많으시네요"라며 놀라곤 합니다. 경우에 따라서는 "천재 아니야?"라고 과장을 섞어 칭찬해주기도 하고요.

모든 기획에는 목적이 있습니다. 목적에 따라 규모는 다르지만 대략 몇 가지 유형으로 정리할 수 있습니다. 과거에 비슷한 목적과 규모로 진행한 프로젝트 정보가 있기 마련이니 기존 기획들을 참고하면 됩니다.

제가 기획을 모으는 방법은 크게 두 가지입니다. 먼저, 메신저에 메모하기입니다. 저는 메신저에 '기획 메모'라는 이름으로 저만 있는 대화방을 만들어, 생각난 기획을 메시지로 보냅니다. 저만 보는 공간이니 남들 보기 좋게 정리해야 한다는 부담도 없고, 시간 순서대로 메시지가 모이니 나중에 확인할 때 생각의 변화를 알기에도 좋습니다. 생각이 변화할 당시의 감정과 흥분도 같이 떠올라 매우 효과적입니다. 메신저를 쓰는 또 다른 이유는 일상적으로 쓰는 도구가 아니면 메모 자체가 귀찮게 느껴질 수 있기 때문입니다. 그러니 굳이 메신저가 아니더라도 자신에게 스트레스가 덜하고, 쓰기 편한 도구가 있다면 그것을 쓰면 됩니다.

그다음엔 모든 기획을 간단하게라도 '기획서'의 형태로 정리합니다. 저는 제출할 곳에 따라 폴더를 만들고, 파일 제목에는 날짜를 넣어 시간순으로 확인할 수 있게 정리합니다. 어떤 주제에 대해서 기획할 때, 나름대로 모아놓고 아직 세상에 내보내지 않은 이 기획들은 당연히 후보가 됩니다. 물론 세상에 나온 기획도 활용할 수 있습니다. 기획이란 '한 주제에 한 기획' 식의 묶음으로 존재하지 않기 때문입니다. 기획이란 초기 버전에 계속 수정과 보강을 해서 최종 버전은 숫자로 따지면 20.0 정도입니다. 최종과 비교하면 5.0까지는 전혀 다른 기획처럼 보이죠. 그만큼 비숱한 주제로 과거에 이미 실현한 기획에서도 보강 목적으로 참고할 만한 부분이 많습니다.

이렇게 기획을 모으면 정기적으로 확인합니다. 진행해야 하거나 진행 중인 기획에 쓸 게 있는지 검토하는 겁니다. 만약 쓸 만한 기획을 찾으면 주제와 예산, 시기를 적당히 수정해서 씁니다. 정확히 세본 적은 없지만 지금 제가 보관한 기획 파일은 1만 개가 넘습니다.

기획이 틀어지면 '힘들게 고민한 시간과 노력이 헛수고로 돌아갔다'는 생각에 허탈해집니다. 하지만 그간의 노력은 헛수고가 아닙니다. 그 노력과 시간이 모여 재산이 됩니다. 지금 안 됐어도 나중에 실현하면 됩니다. 기획이 실패하는 경우는 대개 본인의 의욕이 없었거나 시기가 맞지 않았을 때입니다. 반드시 실현하고 싶어 노력한 기획이 실패했다면 십중팔구 시기가 문제입니다. 막대한 예산이 든다며 기획이 탈락했는데, 5년 뒤에는 무료로 기획을 진행할 방법이 생기거나, 투자받기 쉬운 환경이 정비되는 등 시간이 해결해주는 경우도 적지 않죠.

제게 이 기획 모음은 실현을 기다리는 대기 명단 같은 존재입니다. 방송사에서 일하던 시절 제가 추진한 기획안 대부분은 영업국 소속일 때 모았던 기획을 발전시킨 것입니다. 영업국은 비제작 부서였지만 그때부터 꾸준히 기획을 모았습니다. 이후 부서

이동으로 환경이 바뀌는 등의 우여곡절이 있었지만, 결과적으로는 기획을 실현할 수 있었습니다.

기획을 하고 싶은데 좀처럼 기획 부서로 이동할 기회가 없다고 한탄하는 사람이 꽤 있습니다. 그때를 위해 먼저 기획을 고안하고 모으길 바랍니다. 그렇게 모은 기획은 비록 당장은 실현할 수 없어도, 본인에게 실현 의지만 있으면 언제든 빛을 볼 수 있습니다.

애초에 기획이란 100건 만들어 그중 하나만 채택되면 성공입니다. 제아무리 일류 기획자들도 퇴짜를 맞는 경우가 비일비재합니다. '기획이 탈락했다', '거절당했다'며 하소연하면서 하나의 기획에만 집착하면, 주변 사람에게 귀찮고 성가신 사람이라는 인상만 주고 손해를 볼 뿐입니다. 물론 기획에서 뜨거운 열정은 대단히 중요합니다. 다만 열정은 내 안에 숨겨놓고, '언젠간 꼭 실현하겠다'는 마음으로 꺼내기 좋을 상황이 올 때까지 기다리는 자세가 필요합니다.

3장

사람 분석하기

기획의 목적은 상품, 서비스를 팔거나 알리기입니다. 그만큼 기획 회의 시간에는 타깃을 누구로 잡을지에 대해 시간을 많이 씁니다. 누굴 타깃으로 할지 모호한 기획서가 많다는 뜻이기도 합니다. 유저, 소비자, 대중의 차이를 확실히 알고 누구를 공략할지 정하는 게 중요합니다.

뾰족한 타깃에
둥근 기획이 나오는 이유

　마케팅에서 유저, 소비자, 대중을 명확한 구별 없이 쓰는 경우가 많습니다. 하지만 마케팅에서는 물론이고 기획에서도 이 셋의 차이를 제대로 모르면 큰 실수를 할 수 있습니다.

　유저는 '이미 상품이나 서비스를 쓰고 그에 대해 잘 알고 있는 사람'입니다. 상품이나 서비스에 관심이 있고 나름의 지식과 취향도 있습니다. 소비자는 '적어도 무엇인가를 소비할 의사가 있거나, 구매하거나 쓸 준비가 된 사람'입니다. 한마디로 돈 쓸 생각이 있고, 자기에게 필요하다고 생각되면 사서 쓰는 사람입니다. 대중은 '소비 의사 유무와 상관없이 일상생활을 하는 사람'입니다. 날마다 자신이나 가족의 생활 리듬 속에서 바쁘게 삽니다. 이 때문

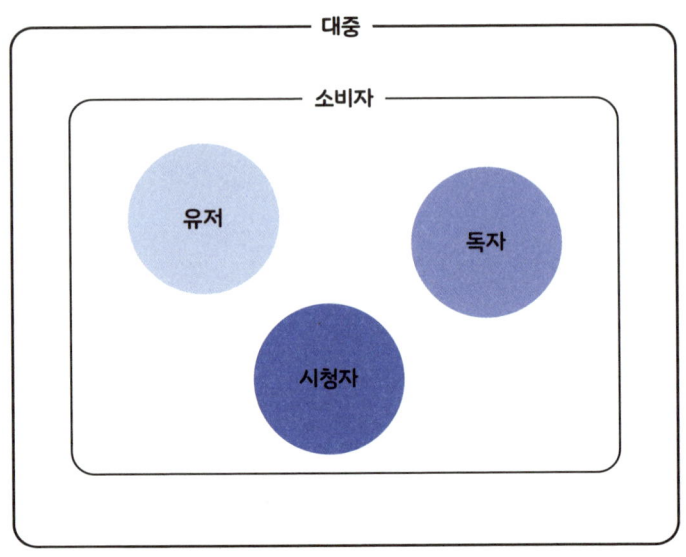

에 대중은 새로운 콘텐츠나 서비스에 일일이 신경쓸 여유가 없습니다. 유저는 상대적으로 서비스에 관심이 있는 반면 기존에 쓰던 상품이나 서비스를 계속 쓸 충성심이 있는 것은 아닙니다. 새로운 게 더 좋다면 얼마든지 갈아탈 수 있죠. 싫증을 잘 내고 변덕스러운 것이 소비자의 특성이기도 하고요.

기획의 타깃이 유저인지 소비자인지 대중인지에 따라 기획 방향의 차이는 커집니다. 최근에는 대중이나 소비자를 굳이 구별하지 않고 유저라고 부르는 경우가 많지만, 오히려 변화무쌍하고 선택지가 많은 현대사회에서는 유저란 존재하지 않는다 생각하고 기획을 시작하는 것이 편합니다. 그다음 대중, 소비자, 유저의 기분을 각기 상상해보는 겁니다. 대중에서 소비자가 될 때, 그다음으로 유저가 될 때 나라면 어떤 기분일지를 상상하면서 기획을 세운다면 원하는 결과에 다가설 수 있습니다.

기획에서는 당연히 타깃을 분석합니다. 다만 타깃이 이미 정해진 경우도 있는데, 이땐 그들에게 효과적인 기획 전략을 고민합니다. 다만, 어떤 경우라도 타깃을 안일하게 판단하는 것은 금물입니다. 베이비부머, X세대, 밀레니얼, Z세대 등 라이프스타일이나 시대에 따라 다양한 세대로 나뉘곤 합니다. 여러분도 그중 어딘가에 속할 겁니다. 그런데 자신이 속한 세대 특성을 곧이곧대로 인정 안 하는 경우 보셨나요? 특정 세대를 뜻하는 용어가 등장한 지 오랜 시간이 흘렀지만 자신이 그 해당 세대라고 생각하는 사람은 생각보다 많지 않습니다. 오히려 세대 구분은 작위적이라며 거부 반응을 보이는 경우가 많죠. 대부분은 '난 그 세대와 달라'라고 생각합니다.

사람은 본능적으로 남과 자신을 구별 지으려는 존재입니다. 자신 이외의 존재엔 본능적으로 경계심을 느낍니다. 그래서 '이 사람은 이런 부류다', '그쪽 사람들은 거의 이런 유형이지'라고 나름대로 판단해 분류함으로써 경계를 늦추고 안정감을 얻으려 합니다. 처음 만난 사람에게 직업이나 혈액형을 물어보는 이유 역시 자신과 잘 맞는지를 찾으려는 이유도 있지만, 자신의 기준으로 상대방을 분류하기 위함입니다.

많은 기획이 마케팅 조사를 토대로 이루어집니다. 대기업 프로젝트거나 규모가 큰 경우라면 더더욱 마케팅 조사가 선행되죠. 조사하는 것 자체는 나쁘지 않습니다. 하지만 공유되는 조사 내용은 누군가가 분석하고 정리해 나온 결과임을 기억해야 합니다. 조직이 클수록 조사 내용은 더 간결히 정리됩니다. '높으신 분들'은 보고 내용을 일일이 확인하기엔 너무나 바쁘기 때문입니다. 내용이 정리될수록 이야기는 익숙하게 바뀌고, 타깃은 친숙하고 무난해진 '가공의 존재'가 돼버립니다. 뾰족했던 타깃이 매끈히 다듬어지니 기획 역시 둥글고 무난해질 수밖에 없습니다.

대량생산과 대량소비가 이루어지는 노동집약 사회에서는 이렇게 해도 큰 문제가 없었습니다. 하지만 개개인의 취향이 존중되는 오늘날에는 이 방식으로 사람들이 만족할 만한 상품과 서비스를 기획할 수 없습니다. 마케팅 조사는 어디까지나 기획안의 재료 또는 관계자를 설득하는 근거로 써야지 기획의 토대가 돼선 안 됩니다. 타깃을 분석할 때 그들을 일방적으로 판단하진 않았는지 조심해야 하는 이유이기도 합니다.

기획의 주어는 사람

사람의 감정은 보편적입니다. '귀찮은 건 싫다', '사람들에게 인기 있었으면 좋겠다', '칭찬받고 싶다', '맛있는 것을 먹고 싶다', '피곤한 일은 하고 싶지 않다' 등은 일상적 욕구로 인해 나타나는 희로애락이죠. 사람의 보편적 감정을 무시한 기획은 절대 받아들여지지 않습니다. 모든 기획의 주어는 사람임을 잊어서는 안 됩니다.

특히 새로운 서비스와 기술, 기기를 알리는 기획에서 종종 이 사실을 잊고 실수를 저지릅니다. 5G 서비스 관련 기획을 생각해봅시다. 5G는 이동통신 시스템으로 LTE 대비 고속대용량, 저지연, 동시다접속 등이 특징입니다. 분명 자랑할 만한 기술적 진보죠. 그런데 고속대용량, 저지연, 동시다접속을 주어로 기획하면 많은 사람이 공감할 기획이 나올까요? 관련자나 기술에 관심이 많은 이들이 아니라면 별 관심 없이 지나쳐버릴 것입니다. 많은 사람들이 공감하려면, 이전 세대 기술인 3G나 LTE 사용자의 감정을 예로 들어 '끝없는 로딩을 기다리기 지루하다'든지 '화상회의에서 결정적인 순간에 끊김 현상이 일어나서 짜증 났다'는 식으로 이야기하는 게 효과적입니다.

예를 들어 한 출판사에서 "우리도 디지털 시대에 대비할 필요가 있어. 요즘 VR이 유행하던데 이거 해보면 어떨까?"라는 이야기가 나와서 VR을 활용한 기획이 시작됐다고 생각해봅시다. 아마도 '저자가 3D로 나와 책을 읽어주는 VR 콘텐츠', '메타버스를 선택해 책을 읽을 수 있는 VR 콘텐츠' 등의 기획안이 나올 것 같습니다. 그런데 이 기획들이 정말 사람의 감정과 연결된 기획일까요? 제가 보기에 '귀찮은 건 싫다', '인기 있었으면 좋겠다'처럼 사람의 욕구와 연결된 느낌이 보이지 않습니다. 사실 책은 눈으로 바로 읽어도 충분하거든요. 굳이 영상을 만들 거면 유튜브로 내보내도 되고요. 굳이 VR 기술을 쓸 필요가 없습니다.

다만 전자책이라면 그 의미가 있습니다. '종이책은 여러 권 들고 다니기 힘들다', '종이책은 공간을 너무 많이 차지한다', '사려고 했는데 재고가 없으면 짜증 난다'와 같이 종이책을 읽거나 살

때 느끼는 보편적 감정과 연결되기 때문입니다. 새로운 기술은 사람들의 생활을 긍정적인 방향으로 변화시키는 게 목적인데, 수단과 목적이 뒤바뀐 기획으로 대중을 무시하는 경우가 생기지 않도록 주의해야 합니다.

    사람의 감정은 보편적이지만 시대 상황에 따라 그 강약은 달라집니다. 예를 들어 '질투'라는 감정이 요즘엔 한층 강해진 경향이 있습니다. SNS의 등장으로 남과 나를 더 쉽게 비교할 수 있기 때문입니다. 연예인이나 유명인을 향한 악성 댓글 역시 '나는 노력해도 안 되는데 불공평해', '쟤넨 편하게 돈 버는데 불공평해'라는 질투심에서 비롯된 경우로 보입니다.

    '요즘 사람들은 이런 데 질투를 느끼는구나'를 알았다면 이에 공감해주면서 갈등을 줄이거나 질투심을 해소시켜주는 기획을 해보면 어떨까요? 감정을 존중하는 기획일수록 성공률이 높아집니다. 그만큼 기획에선 사람의 보편적 감정이 중요합니다.

기획의 연결점 역시 사람

기획은 '연결'로 만들어지는 경우가 많습니다. 여러 단어를 적은 메모지나 단어장을 섞어 뒤집어놓고 무작위로 두 장을 골라 연결하는 방법은 이미 꽤 알려졌죠. 하지만 저는 이 방법을 추천하지 않습니다. 연결 자체가 목적이 돼버리는 경향이 있기 때문입니다. 목적은 어디까지나 기획입니다. 그렇다면 기획에서 가장 좋은 연결 방법은 무엇일까요? 답은 '사람'에게서 찾을 수 있습니다.

영업부 A의 취미는 글쓰기, 좋아하는 음식은 인도식 커리입니다. 부장은 A의 취미를 살릴 방법을 이리저리 궁리 중입니다. 그러다 A의 점심 동료인 라멘 마니아 K를 떠올립니다. 그러고 보니 부서원들이 K에게 "요즘 데이트하면서 갈 만한 라멘 가게는 없어요?"라고 자주 물어봤던 것 같습니다. 그럼 항상 점심을 같이 먹는 A와 K를 짝지어서 라멘 데이트 콘텐츠를 만들면 괜찮겠다는 아이디어가 떠오릅니다.

이걸 회사에서 직접 만들까 하던 차에, 부장은 평소 알고 지내던 요리 인스타그래머 S에게 요즘 소재가 떨어져 고민 중이라는 고민을 듣습니다. 이렇게 해서 S가 주도한 '집에서 하는 라멘 데이트'로 기획 방향이 정해집니다.

이것이 사람을 기점으로 연결하는 기획의 전형적인 방식입니다. '집에서 하는 라멘 데이트'가 실제로 좋은 기획인지 어떤지와는 상관없이 말입니다.

얼핏 연결되지 않을 것 같은 대상들을 사람으로 연결해도 기획이 됩니다. 가령 '맥주'와 '의자'를 생각해봅시다. '맥주와 의자'를 주문처럼 반복해도 기껏해야 '맥주를 마실 때 앉는 의자'나 '의자 모양의 맥주잔' 정도밖에 떠오르지 않습니다. 뭔가 기획이 많이 떠오르지 않는 것 같습니다.

그렇다면 '맥주를 마시는 사람의 기분'과 '의자에 앉아 있는 사람의 기분'이라고 생각해보면 어떨까요? '집에서 편히 쉰다'거나 '술집에서 신나게 즐긴다' 등으로 아까보다는 구체적인 상황이 떠오릅니다. 좀 더 생각해보면 '맥주 마시는 소리가 나는 의자', '맥주 3잔 이상 마시기엔 불편해서 자리 회전율을 높이는 의자', '첫 잔은 맥주라고 등받이에 새겨서 술자리의 흥을 돋우는 의자', '두 달 안에 맥주를 100잔 마시면 의자에 이름을 새겨주는 가게 이벤트' 등도 떠올릴 수 있습니다. 사람의 기분을 상상하면 여러 입장에서 다양한 기획을 이미지화할 수 있습니다.

갑자기 상사가 시키는 경우처럼 업무상 원하지 않는 기획을 해야 할 때도 분명 있습니다. 당연히 관심 없는 주제면 머리도 잘 돌아가지 않습니다. 이때도 사람을 기점으로 대상을 연결해보면 효과적입니다. 그 방법 중 하나가 자신이 좋아하는 사람 중에서 그 기획 주제에 관심 있는 사람을 찾는 것입니다. 좋아하는 사람을 만나 기획 주제에 대해 즐겁게 이야기하다 보면 주제에 대한 관심도 자연스레 올라가기 때문입니다.

영업부 K는 패션 관련 기획을 맡아 고민하다 평소 인간적으로 매력을 느꼈던 패션 인스타그래머인 T와 어렵사리 미팅 약속을 잡았습니다. T에게 "좋네요!"라든지 "그 생각 재미있는데요?" 등의 반응을 듣고 싶을 테니 K에겐 패션 쪽을 공부할 의욕도 생기고 기획을 성공시킬 동기도 생길 겁니다.

이렇게 사람을 기점으로 연결하다 보면 대중의 관점으로 기획을 보는 시야가 트입니다. 무조건 '재미있는 기획을 만들자', '센스 있는 기획을 만들자'에서 시작하면 아이디어의 폭이 좁아지고 탁

상공론이 되기 쉽습니다. 대중의 관점에서 바라보면 기획 아이디어의 폭과 양이 늘어납니다.

사람만으로 기획하기

다음은 사람 자체를 기획으로 만드는 이야기를 해보겠습니다. 사람에게도 콘텐츠가 있으니 그 자체로도 기획이 됩니다.

라멘 마니아 K는 부서 내에서도 인기인입니다. K를 라멘과 연결하거나 다이어트랑 연결하는 것을 기획으로 떠올릴 수 있습니다. 만약 이런 생각이 바로 나오지 않거나 재미가 느껴지지 않는다면 K 자체로 기획을 만들 수도 있습니다.

예를 들어 송년회 이름을 '영업부 K와 꽉 채워 함께하는 두근두근 2시간 송년회!'라고 붙이면 아직 행사의 구체적 내용이 없어도 이미 기획입니다. 무슨 일이 일어날지 각자가 나름대로 상상하기 때문에, K가 사회자로 나오거나 건배사 때만 등장하더라도 기획으로 보입니다. 사회자로 나오거나 건배사 때만 나오면 "역시 여기서 나올 줄 알았어!"라고 반응할 것이고, 예상과 다른 데서 K가 나온다면 "설마 이럴 줄은 몰랐는데!"라면서 분위기가 오릅니다.

유명 배우나 코미디언의 이름을 내세운 텔레비전 프로그램들이 있습니다. "버스로 1박 2일 여행을 하면서 지역 기인들을 소개합니다!"처럼 소재와 구성이 명확하게 정해진 프로그램도 있고, "깜짝 놀랄 만한 경험으로 즐거운 시간을 선사합니다!"처럼 의도가 막연한 프로그램도 있습니다. 후자 같은 경우 "이게 무슨 기획이야!"라며 비난을 받기도 합니다. 하지만 지금까지 없었거나, 이제까지 실현이 어려웠거나, 기대하는 누군가가 있다면 '사람 그 자체만으로 승부'하는 훌륭한 기획이라 생각할 수도 있습니다.

제게도 이런 경험이 있습니다. 저는 대표로 있는 제너레이트 원 말고도 포스트 어반POST URBAN이라는 회사를 운영 중입니다. 포스트 어반 대표는 난바 게이지라는 엔지니어입니다. 처음 만났을 때 그의 나이가 스물한 살이었는데, 이야기를 나누면서 저는 '이 친구 천재구나'라고 생각했습니다. 마침 그가 회사를 그만둔다는 소식을 듣고 저는 '이 천재를 세상 밖으로 끌어내기 위한 회사 만들기'를 기획했습니다. 어떤 회사를 만들지 결정된 것은 아무것도 없었지만 이후 그를 따르는 젊은 후배 엔지니어들로 유능한 팀이 완성됐습니다. 포스트 어반도 '사람 그 자체로 승부' 한 기획이었습니다.

보디 트레이너 기타가와 유스케와의 만남도 있었습니다. 그 또한 천재였습니다. 10분의 시술로 야구 투수의 최고 구속을 시속 137킬로미터에서 147킬로미터로 올린 사람입니다. 저는 6년 전 사고로 발목이 잘 구부러지지 않았는데 그의 3분 시술로 발목을 완전히 구부릴 수 있었습니다. 그래서 '이 사람을 통해 나 같은 사람이나, 스포츠에서 재능을 충분히 발휘하지 못하는 이들을 돕자'는 기획을 세웠습니다. 이 기획을 바탕으로 다이멘셔닝 DIMENSIONING이라는 브랜드를 만들고 회사를 세웠습니다.

물론 이런 예를 기획으로 볼 수도 있고 아닐 수도 있습니다. 다만 '사람만으로도 기획이 된다'고 생각하는 것만으로도 아이디어의 범위가 넓어지고 행동의 장벽도 낮아집니다. 당연히 사람과의 인연은 더 많아지고 끈끈해집니다. 결과적으로 많은 기획을 실현할 수 있습니다.

가십은
기획의 양념이다

　사람들은 가십을 아주 좋아합니다. 텔레비전 프로그램 중엔 불륜이나 망언을 다루는 경우가 무척 많습니다. 그리고 새로운 가십이 있으면 일제히 그 소재에 달려듭니다. 상황이 이러니 '텔레비전이 쓸데없이 한심한 내용만 계속 내보낸다'고 비판받는 것도 무리는 아닙니다. 하지만 세간의 관심이 시청률과 연결되므로 매스미디어인 텔레비전은 가십을 방송할 수밖에 없습니다. 인터넷도 마찬가지입니다.

　역사를 봐도 사람들은 언제나 '저속'하고 '천박'한 정보를 좋아했습니다. "사람 입에는 문을 달 수 없다"는 일본 속담이 있습니다. 세간의 소문과 평판은 막을 수 없다는 의미로 인간이 가십을 아주 좋아하기 때문에 생긴 속담입니다. 물론 모든 가십을 다 좋아하는 건 아니고, 각자의 취향이나 상대방과의 거리에 따라 가십의 기준과 허용 정도가 달라집니다. 가령 연예인 가십에는 관심 없는 사람이 동창의 연애와 실연에는 흥미로워할 수 있죠.

제가 방송사에 있을 때 이야기입니다. 막 영업국에서 편성제작국으로 부서를 옮겼을 무렵이었습니다. 제작 경험이 없었으니 프로그램을 만드는 방법도 전혀 몰랐고 부서에 도움이 되지 못했습니다. 저처럼 제작 경험이 없는 신입은 이른바 '수치 읽기'라고 하는, 주요 방송사 시청률을 예측하는 일을 맡았습니다. 대략 향후 5주 동안 황금 시간대 프로그램 시청률을 모두 예측하는 겁니다. 예측이라고 하지만 딱히 특수한 체계나 방식이 있는 것은 아니었고 과거 데이터를 통해 '감으로' 예측하는 아날로그적인 일이었습니다. 하지만 온갖 프로그램을 봐야 하는 데다, 세상과의 감각 차를 좁힌다는 의미에선 트레이닝에 큰 도움이 됩니다. 처음엔 예측과 실제 시청률에 차이가 컸지만 점점 차이가 줄었습니다. 과거 데이터를 바탕으로 나름의 공식을 만들기도 하면서 예측의 정확도를 높이려 노력하기도 했습니다.

어느덧 제법 높은 확률로 '수치 읽기'를 할 수 있게 됐을 무렵의 일입니다. 한국에서도 방송된 '선풍기 아줌마'라고 불리던 사람이 있습니다. 일본에서 가수로도 활동했었는데, 원래 미인이었지만 더 아름다워지고 싶어 과도하게 성형에 매달린 사람입니다. 병원에서 시술을 거절하자 식용유 등을 얼굴에 직접 주사했고, 결국 심각한 부작용으로 얼굴이 흉하게 변해버렸습니다. 한 프로그램이 이 사연을 취재해 방송 일주일 전에 예고 영상을 공개했습니다. 내용이 너무나 가슴 아파서 마음 편히 시청할 수 없을 정도였습니다. 참고로 그 프로그램은 비교적 시청률이 높은 편에 속했습니다.

이 프로그램의 다음 주 시청률을 예측하면서 저는 고민에 빠졌습니다. 상당히 충격적인 영상의 영향력도 컸지만, '끝까지 보고 싶지는 않다'고 생각했기 때문입니다. 결국 저는 평소와 비슷한 수준의 시청률이 나올 거라 예측했습니다. 그러나 결과는 평소의 2배가 넘는 높은 시청률이었습니다. 해당 프로그램의 평가가 갈릴 것은 예상했지만 이 정도까지 사람들의 관심을 끌 줄은 예측하지 못한 겁니다. 이후에도 비슷한 일을 많이 겪었습니다.

이렇게 대중이 보내는 정보에서 감각적인 이질감을 느끼는 사람은 저만이 아닐 것입니다. 기술의 발달로 개인에게 최적화된 정보가 전달되고, 그런 정보만 접하다 보면 대중의 감각과 멀어지기 쉽습니다. 개인이 감각적인 이질감을 느끼는 정보와 자연스레 거리를 두기에 결과적으로 대중의 사고와 그 차이가 더 크게 느껴집니다.

사람들은 모두 가십을 아주 좋아해도 각자 관심 있는 가십의 종류는 다릅니다. 그래서 "나는 가십에는 관심 없다"라고 말하는 대부분의 사람은 자신이 특정 '주제'에 관심 있을 뿐, 가십이라고 해서 관심 있는 것이 아니라고 생각합니다. 하지만 누군가 좋아하는 특정 주제도 넓게 보면 누군가는 가십이라 말할 수도 있지 않을까요? 그러니 모두 가십을 좋아하는 것이 사실입니다. 이를 기억해두면 기획에서 당황하거나 손해 보는 일은 줄어들 겁니다.

손해라는 말이 나와서 덧붙이자면, 사람은 본능적으로 손해 보기 싫어하는 존재입니다. 리스크를 감수하고 뭔가를 새로 시작하기보단 현상 유지가 낫다고 생각합니다. 그래서 같은 기획이라도 "이렇게 하면 좋아요"보다 "이렇게 하면 손해예요"라는 표현이 더 효과적인 경향이 있습니다. 같은 액수의 돈을 얻었을 때 행복감보다 잃었을 때 상실감을 더 크게 느낀다는 겁니다. 이것을 행동경제학에서는 '손실 회피 편향'이라는 개념으로 설명합니다. 기획할 때 도움이 되는 이론입니다.

기획은 사람을 움직이게 해야 합니다. "이걸 하면 건강해집니다"보다 "이대로 있으면 병에 걸립니다"라는 쪽이 왠지 마음을 뜨끔하게 하고 움직일 생각을 만듭니다. 마찬가지로 "이걸 하면 돈을 벌 수 있습니다"라고 하면 '언젠간 해봐야지' 정도로 받아들이지 지금 당장 해야겠다는 생각은 들지 않습니다. 하지만 "이

걸로 사람들이 많이 돈을 법니다"라고 하면 '지금 움직이지 않으면 손해다'라는 생각이 듭니다. 이 심리가 사람을 움직이게 하는 효과가 좋은지라 사기성 상술에서 많이 쓰이는 표현이기도 하죠.

    인터넷 기사나 텔레비전 프로그램의 제목, 유튜브 섬네일 등을 보면서 어떤 느낌을 받았는지 의식해서 살펴보면 이 심리가 더욱 흥미롭게 다가올 겁니다. 그만큼 기획의 설득력도 높아질 겁니다.

사회의 화두는
어떻게 만들어질까

　사회의 거대한 흐름, 즉 화두를 언어화해서 파악하면 기회를 놓치지 않을 수 있습니다. 기획 타깃이 아주 좁은 소수라도, 그들 역시 화두 위에 있기 때문입니다.
　화두는 매스미디어에서 만들어지는 것이 아닙니다. 인플루언서의 영향을 받지도 않습니다. 어느 누군가가 조작할 수 있는 규모가 아닙니다. 말하자면 화두는 거대한 물결이 반복되는 시대 안에서의 현재 위치 같은 것입니다. 현재 위치에 대한 올바른 인식은 10년이나 50년 뒤의 너울로부터 되짚어보지 않으면 평가할 수 없습니다. 세상에는 그 시대를 둘러싼 분위기와 행동의 기점이 되는 주제가 존재합니다. 바로 이 주제가 기획의 큰 틀을 결정

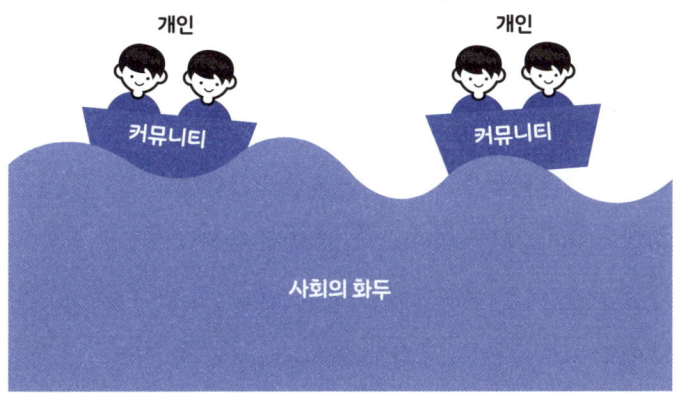

하는 실마리입니다.

최근 일본의 화두는 '고독'과 '디플레이션'입니다. 10년, 20년 규모의 너울로 서서히 조성된 현재 지점의 화두이므로 갑자기 변하지는 않을 것입니다. 존재와 영향의 크기에 상관없이 일본의 개인과 커뮤니티는 모두 고독과 디플레이션이라는 흐름 속에서 흔들리는 중입니다.

고독이란 주제에는 '고독사가 어른거려 불안하다', '남들에겐 고독하게 보이기 싫다', '좋아하지는 않아도 함께 있고 싶다', '사람들과 있을 때 오히려 고독함을 느낀다' 같은 기분이 모두 포함됩니다. 영화나 드라마에 등장하는 소재는 물론이고 SNS에서 '좋아요'를 받길 원하는 승인 욕구도 고독이란 너울 위에서 흔들립니다. 이 배경에는 사회의 개인화, SNS로 인한 허상의 가시화 등 다양한 사회적 요인이 존재합니다.

디플레이션은 물가가 지속해서 하락하는 경제 현상을 가리키는데, 특히 일본은 다른 국가 대비 물가가 현저한 하락세입니다. 쉽게 말해 모든 상품의 가치가 떨어진다는 뜻입니다. '상품을 싸게 사고 싶다'는 마음은 보편적이지만, 그렇다 해서 '비싼 상품을 사는 것은 사회악이다'라는 사고방식이 건전하다고 할 수는 없습니다. 그런데 디플레이션 흐름을 타고 '좋은 상품에는 가치가 있고, 가격은 가치에 비례한다'는 당연한 상식이 통하지 않는 사회 분위기가 생깁니다.

물건뿐 아니라 사람에 대해서도 이 분위기가 직간접적으로도 작용합니다. '노력해도 보상받지 못한다'는 느낌은 디플레이션이라는 너울 위에서 한층 잘 느껴집니다. 체념이 계속되니 마치 삶에 달관한 듯한 착각마저 생기면서 의욕은 한층 꺾입니다.

이처럼 고독과 디플레이션의 너울 위에서 흔들리는 사람들에게 제아무리 즐거운 기획을 내놓는다고 통할까요? 그렇지 않을 겁니다. 설령 잠시 관심을 보인다 해도 곧 흔들림으로 다시 돌아갈 사람들입니다. 기획이 현재 사회 상황을 제대로 파악해야 하는 이유입니다. 고독과 디플레이션이라는 현 상황을 인지했다면 잠시라도 그 너울에서 건져 올리거나 밖으로 내보내려 시도하게 될 겁니다. 예를 들어 '다 함께 참여하는 바비큐 파티'나 '월급 인상 대작전' 같은 기획을 세우더라도, 타깃이 어떤 화두라는 너울 위에서 흔들린다는 인식을 가졌는지에 따라 효과에 큰 차이가 나타납니다. 현대 대중에게 필요한 본질적 메시지는 '희망' 아닐까 싶습니다. '미래는 반드시 좋아진다', '당신의 장래는 밝다'라고 느끼게 만드는 것입니다. 저는 이것이 기획자로서 마음속에 품어야 하는 철학이라 믿습니다.

내 모습을
'기획'하는 법

지금까지는 기획의 타깃이 되는 사람들에 대해 주로 이야기했습니다. 이번에는 '기획할 때의 사람'에 대해 말하려 합니다.

규모가 큰 기획은 당연히 혼자만으로는 실현할 수 없습니다. 기획의 틀을 짜는 단계까지는 혼자 하는 경우도 있지만, 실현 과정 대부분에서 남의 힘을 빌리게 됩니다. 마음먹으면 혼자 실행할 수 있는 기획 내용이라도 협력하는 사람이 많을수록 보다 크고 영향력 있는 기획으로 발전시킬 수 있습니다.

기획이라는 것은 내용 자체보다도 얼마나 많은 사람이 기획에 협조하는지에 따라 성공 여부가 결정되는 경우가 많습니다. 그렇기에 세세한 업무에 서툴더라도 부드럽게 무마하거나, 부탁할 수 있는 사람을 자연스럽게 끌어들이는 능력을 갖춘 사람이 더 우수한 기획자일 수 있습니다.

이른바 '끌어들이는 능력을 갖춘 사람'이 누군지에 딱히 정답은 없습니다. '제멋대로 굴지만 함께 일하고 싶은 사람', '무서워도 말에 설득력이 있는 사람'처럼 카리스마나 인간적인 매력이 있는 사람이라면 끌어들이는 능력이 있다고 볼 수 있습니다. 이해관계가 없는 제삼자였는데 자신도 모르는 사이에 일에 참여한 경우를 떠올리면 이해가 갈 겁니다.

인간적인 매력이 가장 중요하다고 하니 그것엔 자신이 없어 포기해야겠다고 생각하는 사람이 있을지 모릅니다. 성격이나 카리스마는 타고난 천성이란 이미지가 있지만, 사람의 성격과 인격을 연구하는 성격심리학 분야에서는 되고 싶은 사람을 모방할수록 성격마저 비슷해진다는 연구 결과가 있습니다. 타고난 성격을 100% 바꿀 수는 없어도, 마음만 먹으면 되고 싶은 인격과 가까워질 수 있습니다.

하지만 저는 여전히 사람의 성격이나 성질은 변하지 않는다고 생각하는 편이어서, 되고 싶은 사람을 '연기'하려고 노력합니다. 만약 내가 부정적인 성향이라도 주위 사람들이 나를 긍정적인 사람이라고 평가하면 나는 사회적으로 긍정적인 사람입니다. 그런 의미에서 저는 사회에서 '나'란 개념은 존재하지 않는다고

까지 생각합니다. 이런 이야기를 하면 이상한 사람이라고 생각할 수도 있지만, 이 사고방식은 기획 일을 하는 데 많은 도움이 됩니다.

기획할 때 '나'란 편견은 방해가 됩니다. 내가 당연하다고 생각한 것이 사회에서는 소수인 경우도 많지 않습니까? 자신이 마이너리티라는 점은 결코 나쁜 것이 아닙니다. 오늘날에는 중요한 개성이 되기도 합니다. 그러나 내 생각이 결국 소수라는 사실과 내가 어느 정도의 마이너리티인지 알아차리는 감각은 기획자가 갖춰야 할 중요한 소양입니다. 감각에 차이가 있으면 상대방과 사회에 자기 생각을 강요하기 쉽습니다. 많은 악성 댓글 소동이 이런 이유에서 일어납니다.

기획을 하면 많은 사람과 관계를 맺습니다. 많은 사람과 관계를 맺는 편이 유리하지만 많은 사람과 관계를 맺는 일은 역시 스트레스입니다. 저는 낯을 많이 가리기도 하고, 모르는 사람과의 커뮤니케이션에서 스트레스를 많이 받는 유형입니다. 할 수만 있다면 모르는 사람과는 얽히지 않게 살고 싶을 정도입니다. 하지만 그렇게는 살 수 없죠. 그럴 때 적절히 자신을 '연기'하는 감각은 스트레스 조절에 큰 도움이 됩니다.

사람을 끌어들이는 능력에 자신이 없다면, 자신과 비슷한 유형인데 끌어들이는 능력이 있는 사람의 말투나 행동을 흉내 내보는 것부터 시작하면 됩니다. 가장 간단하고도 본질적인 방법은 주위 사람에게 도와달라고 부탁하는 것입니다. 부탁할 때는 '나에게는 불가능한, 당신의 이런 능력이 필요하다'고 꼭 당신이어야만 하는 이유를 설명해주는 게 좋습니다. 누군가 자신을 믿고 의지한다는 얘길 들으면 누구나 기분이 좋아집니다. 그리고 이런 말을 들으면 거절도 어렵습니다.

다만 주의해야 할 게 있습니다. 남에게 도움을 청했을 때는 끝까지 도움을 받아야 합니다. 도움을 주는 상대방의 입장에서 생각해보세요. 누군가의 부탁을 받아서 '그래, 도와주자'고 마음먹고 팔을 걷어붙였는데, 도중에 호의를 거절당하거나 자신이 모르게 일이 진행되는 것을 알면 화가 나지 않을까요?

제가 신입 시절 회식 진행을 맡았을 때의 일입니다. 어떻게 분위기를 띄워야 할지 몰라서 회식 진행에 능숙한 한 선배에게 기획을 상담했습니다. 그 선배는 자신이 의지가 된다는 사실이 기뻤는지 바쁜 와중에도 회식 준비에 많은 시간을 내주었습니다. 저야 물론 기뻤지만 동시에 미안한 마음이 들었습니다. 그래서 어느 날 "바쁘실 텐데 그렇게까지 신경 안 써주셔도 괜찮습니다"라고 선배에게 말했는데, 선배는 "이제 난 필요 없다 이거지? 다 알아서 하라고!"라며 화를 내는 겁니다. 선배의 반응에 깜짝 놀랐던 기억이 있습니다. 저에게 이 경험은 사람에게 무엇을 부탁할 때의 교훈이 됐습니다.

　이것은 커뮤니케이션에 관한 이야기이지만, 동시에 생산성에 관한 이야기이기도 합니다. 만약 상대방에게 부탁한다면 완전히 믿고 의지하세요. 그렇게 해야 상대방도 기분 좋게 능력을 발휘할 수 있어서 일이 순조롭게 진행되며 결과적으로 생산성도 올라갑니다.

4장

기획 전달하기

거의 같은 내용인데 어떤 기획안은 탈락하고, 어떤 기획안은 채택되는 경우를 많이 봅니다. 어떻게 전달하느냐에 따라 기획의 성공률은 달라집니다. 남들에게 내 기획을 잘 전달할 수 있는 방법은 생각보다 쉽고 다양합니다.

기획은 전달하지 않으면 의미가 없습니다. 전달하고 싶은 것이 있기에 기획이 존재한다고도 할 수 있습니다. 나아가 저는 기본적으로 자기 자신과 대중의 감정을 크게 움직이는 것이 아니라면 기획으로 성립하기 어렵다고 생각합니다. 그리고 누군가의 감정을 움직이려면 당연히 그 사람에게 전달해야 하죠. 그렇지 않으면 기획은 아무도 거들떠보지 않은 채 끝나버립니다.

전달되기 쉬운 기획에는 몇 가지 공통점이 있습니다. 특정 타깃에게만 존재감 있는 기획이라도 이러한 공통점을 잘 활용하면 많은 사람에게 전달할 수 있습니다. 지금부터 기획을 효과적으로 전달하는 방법과 실천적인 기술에 대해 살펴보겠습니다.

기획에 '떡밥' 뿌리기

　여기서의 '떡밥'은 의도한 상황을 효과적으로 연출하기 위한 분위기를 조성하는 데 쓰이는 요소입니다. 모든 소설과 드라마에는 복선이란 이름으로 떡밥이 쓰입니다. 결말을 제외한 대부분이 결말을 위한 전개라 할 정도로 떡밥은 중요합니다. 떡밥이 충실할수록 극적인 결말이 만들어지니까요.
　기획의 세계에서도 떡밥은 대단히 중요합니다. 타깃의 척도를 이용하거나, 대다수 사람이 알고 있는 정보를 떡밥으로 쓰면 효과적입니다.
　나만의 떡밥을 만드는 기술도 있겠지만, 여기서는 이미 널리 알려진 정보를 떡밥으로 이용하는 방법을 소개하겠습니다. 여기서 말하는 '이미 널리 알려진 정보'는 기획자와 타깃이 사전에 공유할 수 있는 '사실'로 강력하게 작용합니다.

라멘 마니아 K가 어느 날 살을 빼기 위해 라멘을 끊겠다고 선언했습니다. 이를 들은 영업부 동료들은 깜짝 놀랍니다. 라멘 데이트 콘티를 막 짜기 시작한 A도 놀랐습니다. 동료들이 놀란 이유는 K가 누구보다도 라멘을 좋아한다는 사실을 다들 알고 있기 때문입니다. 말하자면 이 상황이 떡밥입니다. 그러니 동료들은 K가 다이어트를 시작한 이유에도 관심이 생길 것입니다. 만약 이런 떡밥이 존재하지 않았다면 '그냥 동료 누가 다이어트를 한다' 정도로 받아들일 겁니다. 관심도 생기지 않고 기획이 될 수도 없겠죠. 참고로 K가 다이어트를 시작한 이유는 패션 인스타그래머 T에게 고백하기 위해서였다고 합니다. 동료들은 이 이야기를 듣고 더 큰 충격을 받았습니다.

떡밥이 살아 있다면 기획의 성공률은 훨씬 높아집니다. 제가 기획 및 제작했던 '하카타소금' 홍보를 예로 들겠습니다(참고로 이 소금은 후쿠오카 하카타에서 만들지 않습니다). 많은 일본인들이라면 광고 마지막에 '하!카!타!노!시오!'라고 외치는 굵직한 목소리를 떠올릴 것입니다. 이 목소리는 하카타소금 브랜드의 큰 자산이자 떡밥입니다. 그래서 저는 이 자산을 후속 기획의 떡밥으로 쓸 수 있지 않을까 생각했습니다. 만약 목소리를 바꾼다고 하면 분명 사람들이 '다음에는 어떤 목소리일까?'라고 궁금해할 것 같았습니다. 그래서 '하카타소금 제2대 성우 오디션'이라는 이벤트를 기획했습니다. 이 기획은 트위터에서 진행했는데 상당히 큰 화제가 됐고 거의 모든 텔레비전 정보 프로그램에 소개됐습니다. 그리고 결과적으로 예상외의 높은 광고 효과로 이어졌습니다. 만약 '하!카!타!노!시오!'라는 굵직한 목소리가 사람들에게 익숙한 목소리가 아니었다면 후속 기획에 아무도 신경쓰지 않았을 것입니다.

'옛날이야기, 그 이후'라는 기획도 진행 중입니다. 첫 이야기는 소년과 도깨비 이야기입니다. 한 소년이 도깨비를 물리쳤는데 알고 보니 자신이 도깨비의 피를 이어받았다는 사실이 밝혀지고 마을에서 쫓겨난다는 옛날이야기 그 이후를 다룹니다. 그다음 이야기는 용궁에 초대받았던 남자 이야기입니다. 한 남자가 거북이를 구해준 보답으로 용궁에 초대를 받습니다. 그러다 뭍의 집이 그리워 돌아가고 싶다고 하자 용왕의 딸은 절대 열어선 안 되는 상자를 남자에게 줍니다. 남자가 집으로 돌아오니 세월이 흘러 가족과 이웃은 모두 죽었고, 마을도 알아볼 수 없게 변해 있었습니다. 상심해서 상자를 열자 하얀 연기가 나오고 순식간에 남자는 할아버지가 되고 말았다는 이야기입니다. 다들 아는 옛날이야기가 끝나면 그 이후는 어떻게 될까 궁금해했던 것을 노린 기획입니다.

이처럼 '그 이후'는 붙이기만 해도 하나의 기획이 되는 편리한 단어입니다. '대사건, 그 이후', '로또 1등 당첨자, 그 이후', 'K의 고백, 그 이후'라 하면 결말이 궁금하지 않습니까? 유행했던 일이나 화제에 오른 사건에 붙여서 간단하게 기획을 만들 수 있습니다.

떡밥이 효과적인 정보에는 이미 많은 사람들의 감정이 연결돼 있습니다. 그렇기에 널리 알려진 내용을 파악해서 약간만 비틀어도 사람들의 감정을 크게 흔들 수 있습니다. K의 다이어트를 떡밥의 예로 설명할 수 있었던 것도 앞에서 K가 라멘을 좋아한다고 설명함으로써 적어도 이 책을 읽는 독자에게 떡밥이 효과적으로 작용했기 때문입니다.

'모두가 알고 있다'의 힘

'모두가 알고 있다'는 힘에 대해 좀 더 규모를 키워서 이야기를 이어가보죠. 여러분이 잘 알고 있듯이 인터넷은 여러 혁명적 이점을 가집니다. 국가 간 경계를 허물고 재고 비용을 낮추는 등 세상을 변화시킨 많은 특징이 있습니다.

그중에서도 기획자가 주목해야 할 특징은 마이너리티가 연결되기 쉬워졌다는 점입니다. 지금까지는 물리적 거리 때문에 소규모 커뮤니티라도 구성원은 서로의 존재를 알아차리기 힘들었습니다. 이제는 온라인에서 쉽게 서로를 발견하고 동료를 찾을 수 있습니다. 틈새 취향을 공유하면 만족도가 대단히 높아서 커뮤니티 밖으로 나갈 필요를 느끼지 못합니다. 틈새 정보 안에서도 충분히 살아갈 수 있기에 '모두(커뮤니티의 외부인) 알고 있으니까 나도 알아야 한다'고 생각할 일도 없습니다. 모두가 알고 있어야 할 필요성이 사라진 것입니다.

모두가 알고 있는 것이 앞으로는 더 나오긴 힘들지 않을까요? 그럴수록 모두가 알고 있는 것은 더욱 희소해져 계속 가치가 올라갈 것입니다. 그러니 모두가 알고 있는 것을 기획에서 효과적으로 이용하는 것을 추천합니다.

구체적으로 어떤 것들을 이용할 수 있을까요? 상당수는 이미 누군가에게 권리가 있습니다. 하지만 공짜로 쓸 수 있는 것도 많습니다. 대표적인 예가 지명입니다. 유명한 지명에는 즐거운 추억, 안타까운 기억, 동경하는 마음 등 사람들의 추억과 의미가 담겨 있습니다. 그 지역과 관련된 감정도 자연스럽게 떠올릴 수 있습니다. 한 시대를 대표하는 노래 제목에 지명이 많이 보이는 이유도 같은 맥락입니다. 지명 이외에도 에피소드나 역사와 같이 모두가 알고 있는 것은 종류가 다양합니다. '지리적표시보호제'나 관련 법률을 참고해서 효과적으로 활용해보세요.

나를 페르소나로 삼자

마이너리티들이 인터넷을 통해 각자 연결됨으로써 비즈니스에 충분한 규모의 시장이 많이 탄생했습니다. 또한 대형 유통과 매스미디어의 논리로 '대중성이 없다'고 버림받던 틈새 수요에 부응할 수 있는 환경도 갖춰졌습니다. 그 결과 '나를 페르소나로 삼는다'는 기획의 사고방식도 가능해졌습니다.

마케팅에서 두루뭉술한 이미지로는 뾰족한 타기팅이 어렵다는 이유로 페르소나를 설정하는 경우가 많아졌습니다. 페르소나는 서비스와 상품의 전형적인 유저 이미지를 뜻합니다. 이름, 연령, 라이프스타일 등의 인물 이미지를 심도 있고 상세하게 설정함으로써 유저의 니즈를 명확하게 파악하는 방법입니다.

일반적으로 페르소나는 타깃의 속성에 맞춘 가공의 인물로 설정됩니다. 어차피 가공의 설정이기 때문에 실패할 때도 많습니다. 그렇다면 차라리 나 자신을 페르소나로 삼아보는 건 어떨까요? 나 자신이 고객이라면, 당연히 세세한 부분부터 깊숙한 부분까지 다 알 수 있습니다. 물론 나를 페르소나로 삼으면 너무 제멋대로인 기획이 될 것 같아 걱정도 될 겁니다. 하지만 시작은 일단 제멋대로 해보는 게 좋습니다.

수치로 생각해봅시다. 나와 같은 생각을 하는 사람은 의외로 많겠지만 전 국민이 공감하는 일은 있을 수 없습니다. 하지만 '100명 중 1명, 즉 1%가 자신과 같은 생각을 한다'고 가정해볼까요? 아니, 나는 더 특별한 존재니까 1만 명 가운데 1명, 0.01%라고 가정해보겠습니다. 나와 같은 생각을 하는 사람이 그 정도는 있겠지요. 일본 인구로 따지면 1만 2000명 정도 있다는 계산이 나옵니다. 그 1만 2000명에게 깊은 공감을 불러일으킨다면 비즈니스가 충분히 성립할 수 있습니다.

나를 페르소나 삼아 기획할 때의 포인트는 과감한 결정입니다. 나를 페르소나로 삼았으니 겸손할 필요는 없습니다. 쓸데없는 자존심도 버리세요. '아무리 이게 유행이라지만 나는 너무 싫어'라든가 '나는 이것만 있으면 살아갈 수 있어'라고 내면 깊은 곳에서 자신의 감정을 자극하는 무엇, 반드시 돈을 쓰게 만드는 무엇을 찾아냅시다. '이런 생각을 하는 사람은 나밖에 없을걸?'이라고 생각이 드는 것들이 정답입니다.

다만, 나를 페르소나로 삼으라는 말은 정말 제멋대로인 기획을 하라는 뜻이 아닙니다. 어디까지나 틈새 취향을 가진 사람에게 전달될 수 있는 대중적 시선의 사고방식을 가지라는 뜻입니다.

적절한 이질감 주기

깨끗하고, 매끄럽고, 한 번에 알기 쉽고, 부드러운 것이라면 대부분 좋다고들 여깁니다. 삐걱대는 의자에는 앉기 싫고, 화면이 깨진 모니터로는 작업하기 싫고, 목에 껄끄럽거나 따가운 음식이라면 당연히 먹고 싶지 않습니다. 가장자리가 깨진 컵으로는 커피를 마시기 싫고, 운전이 서툰 택시나 버스를 타면 멀미도 나고 무섭습니다.

하지만 소리 나지 않는 푹신한 의자에 앉아서 밝고 넓은 화면의 모니터로 작업하면서 매끄러운 컵으로 커피를 마실 때는 물건의 성질을 별로 의식하지 않습니다. 일부러 '의자를 나무로 만들었구나'라든지 '컵이 하얗구나'라고 크게 생각하지 않습니다. 즉,

'이질감'이 없기에 알아차리지 못하는 것입니다. 다시 말해 무언가를 알아차린다면 이질감이 있다는 이야기입니다.

신경과학자 아오토 미즈히토의 책 《브레인 드라이븐BRAIN DRIVEN》에 따르면, 사람의 뇌에 어떤 정보가 들어왔을 때, 기존 정보와 어긋나거나 이상하다고 느끼면 반응이 활성화된다고 합니다. 비언어적인 감각으로 뇌에 이질감을 전달하는 것입니다.

사람들이 목적을 알아차리지 않으면 기획이 될 수 없습니다. 기획에서 의식적으로 이질감을 이용하면 대중의 주의를 끌어 전달이 쉬워집니다. 크리에이터들이 많이 쓰는 기법인데 무의식적으로 쓰는 경우도 있습니다. 예를 들어 패션 포인트로 낯선 색상을 쓰거나, 음악에서 불협화음이나 엇박자를 쓰는 경우를 흔히 볼 수 있습니다. 이질감으로 시각이나 청각에 강한 인상을 주는 기술입니다. 크기, 모양, 색상 말고도 '갑자기'라든지 '묘한 타이밍'처럼 시간으로도 이질감을 연출할 수 있습니다. '갑자기 커졌다'거나 '갑자기 움직였다'처럼 다른 현상과도 쓸 수 있습니다.

이렇듯 이질감은 모든 상황에서 쓸 수 있지만, 이질감이 너무 강하면 조화 자체가 깨진다는 점에 주의해야 합니다. 패션에서 포인트 컬러로 10가지 색을 썼다면 포인트의 의미가 없습니다. 곡이 불협화음투성이에 박자가 죄다 제멋대로라면 음악이 아닌 것과 마찬가지입니다.

이질감을 절묘하게 쓴다는 게 왠지 고도의 기술처럼 느껴질지도 모릅니다. 하지만 어렵게 생각하지 말고 일단 '다른 사람이 알아차릴 정도로만 살짝 망가뜨린다'는 정도로 시도해보길 바랍니다. "이거 괜찮네, 그런데 여기는 좀 그렇지 않아?"라는 정도의 반응이라면 성공할 가능성이 있습니다.

보기 좋아야 내용도 좋다

 기획의 목적은 다양하지만 '상품이나 서비스를 더 많은 사람에게 홍보하기'인 경우가 많습니다. 여기서 꼭 기억해야 할 기획의 법칙이 있습니다. 바로 사진이나 영상으로 사람들의 시선을 잘 끄는 것, 다시 말해 보기에 좋아야 한다는 것입니다.
 홍보 기획이 기대하는 결과 중 하나는 '텔레비전과 인터넷 등의 매체에서 상품이나 서비스가 소개됨으로써 큰 광고 효과를 얻는 것'입니다. 그럼 반대 입장에서 생각해봅시다. 방송사 프로듀서나 인터넷 미디어의 기자, 에디터는 자신이 다룬 내용을 더 많은 사람이 보거나 읽게 하려고 고민합니다. 희소성 있고 신선한 정보인지도 신경쓰지만 그보다는 시선을 끄는 사진이나 영상을 더 다루고 싶을 것입니다.

　매스미디어 관련자라면 더 잘 알겠지만, 사실 미디어에서는 내용보다 비주얼을 우선시합니다. 보기 좋은 사진이나 자극적인 영상은 홍보의 파급력이나 시청률에 직접적으로 작용합니다. 상품이나 서비스를 광고할 때는 아무래도 성능과 사양 등의 정보를 알리고 싶을 겁니다. 하지만 만약 홍보 기획의 목적이 매스미디어에 소개되는 것이라면 보기에 좋은지를 의식해야 합니다.

　'우리 상품은 수수해서 비주얼이 별로'라든가 '우리 서비스는 온라인 서비스라서 형태가 없다'고 생각할 수도 있습니다. 하지만 대부분의 상품과 서비스도 마찬가지입니다. 없다고 놔두지 말고, 이럴 때 비주얼을 만들어보세요. 평범한 디자인의 찻잔을 생각해봅시다. 이 찻잔을 1000개 진열해보세요. 그냥 줄을 세워도 되지만 아름다운 기하학적 모양이나 귀여운 하트 모양으로도 만들 수 있습니다. 이런 비주얼이라면 사진을 찍고 싶지 않을까요? 온라인 서비스라면 '회사 사무실의 포토 존' 등의 특집을 만들어 사람들의 호기심을 자극하는 비주얼을 만들 수 있습니다.

　매스미디어의 목적은 많은 사람에게 정보를 전달하는 것입니다. 매스미디어가 다루고 싶어 한다면 사람들의 관심을 끄는 요소가 있다는 뜻입니다. 매스미디어가 실력을 발휘하는 부분은 전달하기 어려운 정보를 잘 전달되게 통역해주는 것입니다. 물론 처음부터 전달되기 쉬운 정보라면 자신들의 수고를 줄일 수 있기에 기꺼이 전달해줄 것입니다.

앞에서 소개한 '하카타소금 제2대 성우 오디션'은 영상 응모로 기획했습니다(음성만으로도 응모가 가능하지만, 대부분이 스마트폰으로 촬영할 것이라 예상해서 영상 응모로 기획했습니다). 많은 사람이 참여했을 뿐 아니라 콩트 및 패러디 영상, 귀여운 아이가 춤추는 영상 등 재미있는 영상이 많았습니다. 이 영상들은 텔레비전 정보 프로그램 등에서 소개됐습니다. 영상의 비주얼이 좋은 데다 전달하기 쉽고 다루기도 쉬웠기 때문입니다.

회사 송년회나 레크리에이션에서 사회자가 화려한 의상으로 등장하거나 진행 중간중간 익살스런 포즈를 취하면 참석자들은 사회자의 사진을 찍습니다. 그러고는 가족이나 친구에게 "이 사람 되게 웃기죠?"라고 보여주기도 합니다. 화제가 되기 좋은 비주얼이니까 누군가에게 보여주고 싶다 생각했을 겁니다.

이런 흐름을 상상하면서 기획을 하면 더 많은 사람에게 전달될 가능성이 커집니다. 특히 시각 정보가 많은 오늘날이니만큼 사진이나 영상을 적극 활용해보세요.

'참여형 기획'의 조건

홍보 기획에서 '참여형 기획을 하고 싶다'는 의뢰가 많습니다. SNS로 유저와의 쌍방향 커뮤니케이션이 가능해져 참여형 기획을 실현하기 쉬워진 환경 때문인 듯합니다.

참여형 기획에서 꼭 기억해야 할 점이 있습니다. 대중과 소비자는 참여형 기획을 오히려 번거로워한다는 것이죠. 그래도 참여형 기획을 하겠다면 성공 요령은 두 가지입니다. 참여 장벽을 최대한 낮추는 것과, 참여자가 '내가 주인공이 될 수 있다'고 느낄 수 있게 설계하는 것입니다.

전자의 경우 참여에 필요한 절차를 최소화해 번거로움을 줄이는 것이 중요합니다. 상품 홍보를 위해 '구매 인증 사진을 인스타그램에 올리게 한다'는 기획을 예로 들어봅시다. 하지만 기획에 참여하려고 기존에 없던 물건을 준비해야 한다는 것 자체가 번거로운 일입니다. '무엇을 하게 만든다'는 요구가 이미 걸림돌인데, 없는 물건을 사게 만든다는 것은 터무니없이 무리한 요구인 셈입니다. 전국 편의점에서 참여할 수 있게 한다면 그나마 괜찮습니다. '우리 회사 매장에 방문하셔서'라는 상상을 초월하게 번거로운 기획도 있습니다.

참여 장벽을 낮추는 것은 더 많은 사람이 참여하도록 만들기 위해서이지만 다른 이유도 있습니다. 참여 장벽이 높은 기획이라면 그만큼 고액의 상금이나 상품, 희소성 높은 특전이 필요한데, 참여자가 정작 제품이나 서비스보다 특전만을 목표로 삼을 우려가 있습니다. 기획의 타깃은 미래의 유저이기에 대중이 가벼운 마음으로 참여해 미래의 유저가 될 수 있도록 설계할 필요가 있습니다.

유저의 참여를 독려하는 기획이 많아진 이유는 쌍방향 소통의 장벽이 낮아졌기 때문입니다. 엽서 응모와 이벤트 참여 등 쌍방향 소통 자체는 SNS가 보급되기 훨씬 전부터 존재했습니다. 다만 쌍방향 소통이 번거롭지 않게 돼 해당 기획이 많아진 것입니다. 이런 마당에 SNS로 타깃을 더욱 번거롭게 만드는 것은 모순입니다.

다음은 '내가 주인공이 될 수 있다'고 느끼도록 기획을 설계하는 요령입니다. 오늘날 사람들은 누구나 자신이 당연히 주인공이라고 생각합니다. 자신이 좋아하는 대상이나 생각을 발신하고, 사람들의 인정을 받는 것이 일상이 됐습니다. 그렇기에 참여형 기획에서는 '참여하는 당신이 바로 주인공'이라는 메시지를 느낄 수 있게 만들어야 합니다.

한 단계 더 나아가, 처음부터 '내가 주인공'이라고 생각하는 대중을 전제로 기획할 수도 있습니다. 참여자에게 '여기 참여하면 내 SNS 팔로어가 늘어날지도 몰라', '내 브랜딩에 도움이 되겠네'라는 생각을 심어줄 수 있다면 최고입니다. 그리고 팔로어가 공유한 기획을 보고 '예술적이다', '아방가르드하다', '유머 감각이 번뜩인다', '참신한 정보다' 등이라고 생각하게 만들면 됩니다. 반대로 '내용이 촌스럽다', '참여하면 후회할 것 같다'는 생각이 드는 기획엔 아무도 참여하지 않을 겁니다.

기획의 내용도 중요하지만 '여기 한번 참여해볼까?', '이거 공유할 가치가 있나?'라는 대중의 결정은 직감적으로 이루어집니다. 세세한 어휘 선택과 사진에서 상당 부분 결정됩니다. 그러니 주위 사람들이 기획 내용을 공유하고 싶어 하는지 '한번 보고', '한번 읽게' 해보세요.

'세계관'을 입혀라

　기획을 구성할 때, 기획 전체를 포괄하는 '세계관'을 설정하면 기획 내용을 효과적으로 전달할 수 있습니다. 기획의 세계관에는 두 종류가 있습니다. 기획에 친화적인 세계관을 추가하는 것과 기획과 무관한 세계관으로 토대를 구축하는 것입니다.

　기획에 친화적인 세계관을 추가하면 기획 내용에 데자뷔를 느끼게 해 설명을 간소화할 수 있습니다. 이미지를 간단히 공유할 수 있기에 기획이 잘 전달됩니다. 영업부 K가 신입사원을 대상으로 직무교육을 한다고 해봅시다. 이 정보만으로는 어떤 분위기의 교육일지, 어떤 순서로 가르칠지 이미지가 떠오르지 않습니다. 그런데 여기에 '초등학교 교실'이라는 세계관을 추가하면 어떨까요? K는 선생님이고 신입사원은 학생이라는 구도가 바로 떠오릅니다. 화이트보드를 마치 칠판처럼 쓰고, 서류를 수업 자료처럼 만들어 가르치는 모습이나, 상냥한 K가 열정 넘치는 신입사원에게 쩔쩔매는 유쾌한 분위기까지 이미지가 한순간에 떠오릅니다. 게다가 K에게 직무교육을 지시한 부장이 교감 역할을 맡아 교육 상황을 확인하러 오거나, 사장님이 교장 역할을 맡아 교육 전 인사말을 하는 전개도 가능합니다. 또한 회의실 입구에 연수 대신 수업이라고 붙여놓거나, 교육 기간이 하루 이상이라면 반장을 뽑을 수도 있습니다. 이렇게 하면 신입사원도 교육에 즐겁게 참여할 수 있습니다.

누구에게 무엇을 가르치는 상황은 초등학교 교실뿐 아니라 대학 강의, 입시 설명회, 종교 행사 등 다양합니다. 저마다 세계관의 차이에 따라 전달되는 기획의 뉘앙스가 달라지므로 자신이 기획에서 표현하고자 하는 내용과 분위기에 잘 어울리는 세계관을 설정하면 미묘한 뉘앙스를 효과적으로 전달할 수 있습니다. 유튜브 영상이나 텔레비전 프로그램에서도 수업이나 강의 형식을 자주 볼 수 있습니다. 굳이 누구에게 무엇을 가르친다는 기획이 아니어도 활용하기 좋고 쓰기 편리한 세계관이기 때문입니다.

다음으로 기획과 무관한 세계관으로 토대를 구축하는 방법을 보겠습니다. 즉, 평범한 기획에 독창성을 부여해 브랜드를 설정하는 것입니다. 예를 들어 '라멘 소개' 기획을 '우주선으로 태양계를 여행한다'는 세계관으로 표현해봅시다. 소개하는 라멘 하나하나를 태양계의 행성과 위성에 비유해서 쓸데없이 규모를 키우거나, '외계인이 지구 음식 라멘에 빠지다'라는 수수께끼 느낌의 에피소드를 넣으면 좋은지는 몰라도 일단 특징은 있는 기획이 됩니다. 이질감 때문에 사람들이 기억하기도 쉽고, "그 회사 마케팅 담당자는 뭔가 정상이 아니야"라며 화제에 오르기도 쉽습니다. 기획의 완성도가 높아집니다.

또한 기획과 무관한 세계관으로 토대를 구축하면 '기획 철학'이 생깁니다. 기획에는 항상 철학이 필요하지만 이를 직접적으로 전달하면 당황스럽거나 뜬금없는 느낌을 주기 십상입니다. '라멘 소개'의 기획 의도를 '라멘을 사랑하는 마음을 널리 전하기'라고 해보겠습니다. 하지만 대중은 라멘의 맛이나 가격만을 궁금해 할 뿐입니다. 그런데 밑도 끝도 없이 "우리 모두 라멘을 사랑합시다!"라고 하면 대중은 당황스러워합니다. 그러나 "외계인이 지구 음식 라멘에 빠졌습니다"라는 판타지적인 설정이라면 '라멘을 사랑하는 마음'을 재미있고 기억에 남는 메시지로 전달할 수 있습니다.

술래잡기 프로그램인 〈도주중〉이나 퀴즈 프로그램 〈누메론〉 등 제가 기획한 텔레비전 프로그램 대부분에는 '중2병적'이고

'기획과는 무관한 세계관'이 설정됐습니다. 제가 세계관 구축을 좋아하기도 하지만, 좀 더 자유롭게 기획 철학을 표현하기 위해서였습니다. 〈도주중〉과 〈누메론〉은 게임 형식의 콘텐츠로 목적이나 철학을 잡기 어려운 기획입니다. 역으로 왜 이 게임을 해야 하는지, 왜 이 게임이 존재하는지가 분명하다면 다른 게임과 차별화된 유일무이한 브랜드를 만들 수 있습니다. 세계관이 존재하지 않았다면 〈도주중〉은 그저 '숨바꼭질'이고 〈누메론〉은 '숫자 맞히기 게임'에 불과했을 것입니다.

세계관은 어떻게 보면 '옷'과도 비슷합니다. 사람들은 겉모습으로 내면을 판단합니다. 설령 낯을 가리고 내성적인 성격의 사람이라도 화려한 코디를 통해 활발한 캐릭터를 연기할 수 있습니다. 옷에 따라 자신의 내면을 사람들에게 전달하는 방법을 바꿀 수 있는 것처럼, 기획에서도 세계관이라는 옷을 걸치면 기획의 전달 방법을 효과적으로 바꿀 수 있습니다.

'언젠간 되겠지' 하는 자세

이젠 개인이나 소규모 사업자도 인터넷을 통해 텍스트, 사진, 영상을 발신하거나 유통하는 기획을 많이 합니다. 인터넷과 SNS의 발전으로 개인과 소규모 사업자도 이제 기획, 콘텐츠와 더욱 가까워졌습니다.

인터넷을 통한 기획에서 중요한 점 한 가지는 '축적형 콘텐츠 기획이 가능하다'는 것입니다. 거의 무한대의 콘텐츠를 무료로 축적할 수 있다는 것은 기획에서 혁명적 사건입니다.

CD나 책을 떠올려보세요. 방에 CD과 책이 점점 쌓여갑니다. 이사하면서 '미련이 남지만 그간 모았던 CD와 책을 팔거나 주변에 나눠줬다'는 사람이 많습니다. 회사 입장에서도 물건이 팔리지 않으면 재고가 됩니다. 재고 관리에는 지속적으로 비용이 발생합니다. 그래서 경영에서는 '어떻게 재고를 줄일지', '어떻게 빨리 판매할지' 등의 방법을 궁리합니다. 유저의 물리적 부담을 고려해서 제품을 최대한 작고 가볍게 만드는 경우도 많습니다.

하지만 인터넷 콘텐츠는 분량에 물리적 한계가 크게 없습니다. 인터넷상에서는 텍스트, 사진, 영상 콘텐츠를 대량으로도 쉽게 보관할 수 있습니다. 이런 상황에서는 오히려 콘텐츠를 많이 나열하거나 재고가 많다는 사실로 기획이나 전략을 세울 수 있습니다. '1만 페이지의 사진집'은 종이책으로는 불가능하지만 디지털이라면 가능합니다. '한 번에 1000곡을 듣는 앨범'도 디지털로 가능합니다.

무엇보다 축적형 콘텐츠의 중요한 혜택은 시간에 구애받지 않는다는 점입니다. 앞에서 콘텐츠가 실패하는 이유로 타이밍을 이야기했습니다. 기획이 시대를 너무 앞서갔거나, 당시에 워낙 압도적인 기획이 있었을 수도 있습니다. 역으로 타이밍이 달랐다면 성공했을 가능성도 있었다는 뜻입니다. 축적할 수 있다는 의미는 성공할 때까지 기다릴 수 있다는 의미입니다.

인터넷 콘텐츠를 기획할 때 의식적으로 '축적할 수 있는 것', 더 나아가 '축적이 가치를 만드는 것'을 준비하면 성공의 가능성도 커집니다.

그 예로는 보편적 소재라든지, 훗날에 돌아보면 시대의 변화를 느낄 수 있어 흥미로운 소재라든지, 장대한 다큐멘터리적 특성 때문에 과거 작품이라 해도 보고 싶어지는 콘텐츠입니다.

예를 들어 스무 살 청년이 블로그에 글을 씁니다. 매년 성년을 맞이하는 이들이 공감할 수 있는, 스무 살의 심리를 파고드는 글이라면 시간이 지나도 가치 높은 콘텐츠가 됩니다. 또 다른 예로 출근길에 매일 똑같은 장소를 찍어서 올리는 인스타그래머가 있습니다. 사진이 일주일 올라오고 끝이라면 그다지 가치가 없지만, 10년을 하루도 거르지 않고 사진이 올라온다면 그 자체로 큰 가치를 가집니다.

기획을 타깃에게 효과적으로 전할 때까지, 즉 '성공할 때까지'는 어느 정도의 시간이 필요합니다. 그래서 성공할 때까지 계속 진행하는 것을 전제로 예산과 실행 전략을 정할 필요가 있습니다. 하지만 인터넷 콘텐츠라면 단순히 '언젠가 성공하면 좋겠다'는 가벼운 자세로도 기획할 수 있습니다. 물론 시의성이 중요하지 않다는 것은 아닙니다. 알고리즘에 걸리는 방법을 생각하면 시의성은 대단히 중요한 요소입니다. 하지만 시의성을 계속 추구하기란 대단히 힘든 일입니다. 개인이나 작은 조직이라면 중간에 포기하는 경우가 많을 겁니다.

그럴 때는 '언젠간 되겠지' 하는 자세로 몇 달, 몇 년 뒤에 누군가의 눈에 띄었을 때도 볼 만한 이유가 있는 콘텐츠를 목표로 삼는 방법도 기획의 한 선택지입니다.

먹히는
SNS 콘텐츠 기획

　축적형 콘텐츠 기획에 대해 조금 덧붙이려 합니다. 요즘 대중의 기호는 직감적이고 시각적입니다. 스마트폰의 탄생과 그에 따른 UIUser Interface와 UXUser eXperience의 발전에 따른 결과입니다. 그런 만큼 기획 또한 당연히 한눈에 사람의 시선을 끌거나 우뇌적 감성으로 이해할 수 있도록 설계해야 합니다. 실제로 많은 SNS 콘텐츠가 화려하고 충격적인 영상과 폼 나는 이미지를 중심으로 전개됐습니다.

　그러나 최근 몇 년 사이에 상황이 크게 달라졌습니다. 앞으로 SNS를 이용하는 기획을 만들 땐 '정보성'을 의식할 필요가 있습니다. 여기서 말하는 정보는 오감을 통해서 뇌에 전달되는 신호적 정보가 아닙니다. '최근 유행', '이 가게 음식이 맛있다', '입사 시험에 자주 나오는 신조어' 등과 같은 '사물에 대한 소식'입니다.

최근 구글의 검색 트래픽이 감소한다고 합니다. 추천 기능의 정확도가 높아져 자신의 취향에 맞는 정보를 쉽게 얻을 수 있기 때문에 구글 검색을 할 필요가 줄어든 것이죠. 또 다른 이유는 인스타그램, 트위터, 유튜브를 검색하는 경우가 많아졌기 때문입니다. 여러분도 맛집이나 화장품 같은 일상 정보를 검색할 때 인스타그램을 살피지 않나요? SNS에 방대한 정보가 축적됐기에 가능해진 일입니다. 하지만 SNS에 축적된 정보는 인터넷 전체의 정보량에 비하면 여전히 적은 양입니다. 특히 유튜브의 정보량은 그 니즈에 비해 부족한 상태로 보입니다.

제가 기획하고 제작하는 유튜브 채널이 있습니다. 〈돈 배움터!〉라는 재테크 채널입니다. 채널을 만든 목적은 '투자에 대해 올바르게 이해하고 미래 지향적인 사람을 늘려서 좋은 세상을 만드는 것'입니다. 코로나19 영향도 있어 '나와 가족의 장래를 위해 돈에 대해 제대로 배우고 싶다'고 생각하는 사람이 늘고 있습니다. 이미 투자하는 사람이나 금융 리터러시 수준이 높은 사람을 위한 채널과 콘텐츠는 기존에 있었지만, 대중을 위한 재테크 채널은 극히 드물었고 그들에게 적합한 내용의 영상도 거의 찾아볼 수 없었습니다. 〈돈 배움터!〉는 바로 이 영역을 공략한 채널입니다. 〈돈 배움터!〉는 시작한 지 반년 만에 구독자 수 10만 명을 돌파했습니다.

앞으로 대중은 점점 더 영상을 통해 정보를 얻을 것입니다. 인터넷 콘텐츠를 기획할 때 축적형이면서 정보 가치를 더한다면 결과적으로 소비자에게 전달할 수 있는 가능성이 커질 것입니다.

내 기획들을
역사로 만들자

독일의 정치가 오토 폰 비스마르크는 "바보는 경험에서 배우고, 지혜로운 사람은 역사에서 배운다"라는 말을 남겼습니다. 제가 아는 몇 안 되는 명언 중 하나로, 좋아하는 말이라 자주 인용하는 편입니다. 여기서 이 말을 인용한 이유는, 개인이 보낸 기간에도 비스마르크의 말을 적용할 수 있기 때문입니다.

자신이 기획자라면, 기획 일을 시작한 이후 배운 것들을 '역사'와 '경험'으로 분류해보세요. 역사에는 '법칙' 같은 것이 존재합니다. 시간과 환경을 초월해서 적용되는 것이 있기에 보편적이라 할 수 있습니다. 즉, 미래의 기획에 가져다 써도 통한다는 의미입니다. 기획이 쌓이면 기획의 아카이브를 만드는 게 가능해집니다. 기획의 수가 많아지면 당연히 보편성도 정밀해집니다. 베테랑 기획자의 '타율'이 좋은 이유는 과거의 수많은 기획이 거름 역할을 했기 때문입니다. 반면 경험은 단편적 체험에서 나옵니다. 시대나 환경이 바뀌면 적용하기 어렵죠. 아무리 베테랑 기획자라도 기획의 경험이 많지 않거나 기획을 역사화하지 못했다면 기획의 타율은 낮아집니다.

그간 기획에서 배운 것들이 경험인지 역사인지 구별하지 않는다면 결과적으로 '재탕 기획'만 나옵니다. "저 사람 기획은 맨날 재탕이네!"라고 조롱을 당하거나, 낡은 방식에 머무를 뿐입니다.

자신의 기획을 아카이브화해서 공통점이나 보편적 법칙을 알아내면 다른 기획에도 응용할 수 있습니다. 예를 들어 기획이 잘 풀리지 않아 고민일 때는 '야외 축제의 경우 노점의 규모가 작아서 돈을 더 많이 쓰게 된다', '콩주머니 집어넣기 게임에서, 들어가는 콩주머니 개수를 같이 세면 일체감이 느껴진다', '온라인 카드 게임은 교환 시스템 때문에 중독성이 높아져 밤늦게까지 계속하게 되더라' 등의 기존 기획에서 얻었던 사실을 떠올려봅시다. 그리고 오랫동안 사람들에게 인기 있는 기획과 지금 생각 중인 기획을 비교하면서 어떤 보편적 사실을 적용할 수 있는지 확인하고 실마리를 찾아봅시다.

가장 쉬운 기획법 ①: 바꾸기

기획을 만드는 가장 손쉽고 대표적인 방법은 연결이라고 앞에서 말했습니다. 그런데 실제로 많이 쓰지만 의식하지 못했던 기획법이 하나 더 있습니다. 바로 '교체', 뭔가를 바꾸기입니다.

하나만 바꾸기

모두가 알고 있는 정보에서 어떤 하나만 바꾸면 그것만으로도 기획이 됩니다. 텔레비전 프로그램을 예로 들면, 같은 내용인데 등장인물만 외국인으로 바꾼 기획이 많습니다. 예를 들어 '거리의 사람들 인터뷰하기'를 '거리의 외국인 인터뷰하기'로 바꾸면 전혀 다른 기획처럼 보입니다. 바꿀 수 있는 부분은 기획 내용만이 아닙니다. 텔레비전 프로그램 기획을 유튜브 기획으로 바꾸는 예처럼, 같은 내용이라도 미디어를 바꾸면 기획이 성립됩니다.

낮을 밤으로 바꾸고, 빵을 밥으로 바꾸고, 칼과 포크를 젓가락으로 바꾸는 등, 뭐든지 바꾸면 기획이 됩니다. 수영장 야간 개장은 낮을 밤으로 바꾸고, 라이스버거는 빵을 밥으로 바꾼 예입니다. 나이프와 포크를 젓가락으로 바꿔 인기를 얻은 창작 요리 레스토랑도 있습니다. 실제로 뭔가 바꾸는 것만으로도 이렇게 많은 기획이 만들어집니다.

무엇인가를 바꾼 기획은 새로운 것처럼 보여도 데자뷔가 느껴집니다. 데자뷔는 기획에서 큰 무기가 됩니다. 대부분의 사람은 완전히 새로운 대상을 받아들이는 데 본능적으로 거부감을 느끼기 때문입니다. 그렇기에 대상의 일부만 바꾸면 비교적 거부감이 덜해져, 사람들이 기획을 더욱 쉽게 받아들일 수 있다는 이점이 있습니다.

즉, 모두가 알고 있는 정보를 분해해서 바꿀 수 있는 부분이 없는지 검토하는 일이 기획에서 필요합니다. 바꿔서 보니 신선하게 느껴지거나, 편리함을 발견하거나, 나아가 '아니 지금까지 이런 게 왜 없었지?'라고 생각하는 순간이 있습니다. 바로 성공의 예감입니다. 당장 실현에 도전해보세요.

통째로 바꾸기

하나만 바꾸지 않고 통째로 바꾸는 법도 있습니다. '새로운 개념을 만든다'는 표현이 더 정확할 수도 있습니다.

이해하기 쉬운 예가 국수입니다. 나라마다 가느다란 국수가 존재하지만 이름은 다 제각각입니다. 파스타의 경우 페투치네와 링귀네는 납작한 모양이 비슷한데 폭이 다릅니다. 만약 링귀네라는 단어가 없었다면 그냥 '덜 납작한 페투치네' 정도로 불렸을 겁니다. 물건이 아니라도 마찬가지입니다. '라이브와 콘서트'나 '산책과 러닝'의 차이도 단어가 존재하기 때문에 차이를 명확하게 인식할 수 있습니다. '개념은 단어로부터 시작된다'는 말이 있습니다. 단어가 존재하지 않으면 다른 물건으로 인식되지 않습니다.

하나만 바꾸는 것에 비해 통째로 바꾸기는 기획의 의미가 전달되기 어렵다는 단점이 있지만, 일단 전달되기만 하면 파괴력이 엄청나다는 장점이 있습니다. 새로운 개념의 창시자가 된다면 무한한 자산 가치를 얻을 수 있습니다. 기획자에겐 큰 영광이기도 합니다. 뭔가 식상해진 단어를 찾아서 통째로 새롭게 바꾸는 일에 도전해보는 것을 추천합니다.

목적 바꾸기

세상의 모든 상품과 서비스는 소비자의 니즈를 찾아내서 만들어집니다. 니즈에는 '이렇게 하고 싶다', '이런 게 있으면 편리하겠다'는 목적이 들어 있기에 완성된 상품과 서비스에도 그 목적이 담기기 마련입니다. 예를 들어 카페는 커피, 차 등의 음료를 마시는 것이 목적이고, 술집은 술과 안주를 먹는 것이 목적입니다. 그러나 유저들은 종종 기획자가 예상하지 못한 사용법을 찾아내 즐기기도 합니다. 그렇다면 기획에서도 본래 목적을 바꿔서, 다시 말해 주어를 역전시켜서 보면 어떨까요? 대중에게 신선하게 비치는 새로운 기획이 될 수 있을 겁니다.

쉬운 예로 만화카페가 있습니다. 카페에는 '편히 쉬고 싶다'는 니즈도 있기에 보완 아이템으로 잡지나 만화를 비치하기도 합니다. 그런데 좀처럼 구하기 힘들거나 추억을 자극하는 만화 혹은 특정 만화 시리즈를 전편으로 갖추면 만화를 읽기 위해 카페를 찾는 손님이 늘어납니다. 이대로라면 만화가 많은 카페가 되겠죠. 그러나 '다양한 먹을거리가 있는 만화카페'로 주어를 뒤집으면 완전히 다른 업종이 됩니다. 술집이나 바 같은 경우는 먹고 마시는 게 목적이지만, 새로운 연애나 멋진 만남을 기대하고 찾아가는 경우도 있습니다. 이른바 '헌팅포차'는 먹고 마시는 목적과 만남의 목적을 역전시켜 만들어진 기획입니다.

   이 방법을 적용해서 저는 일명 '화장실 카페'를 기획 중입니다. 카페의 기본적인 이용 목적은 커피나 차를 마시는 것이지만, 화장실 때문에 카페를 찾는 사람도 많습니다. 특히 여성은 화장을 고치는 목적으로 카페 화장실을 이용하기도 합니다. 그래서 음료를 마시는 공간과 화장실을 뒤집어 '넓고 깨끗한 유료 화장실이 메인인 카페'를 만들려는 겁니다. 사람들 나름대로 '그 호텔의 화장실이 넓고 깨끗하다'라든지 '어디 역 근처에서는 그 백화점 화장실이 개방돼서 가기 좋다'는 자기 나름의 '화장실 아지트'를 가지고 있습니다. 그러나 전혀 모르는 곳에서 화장실을 가야 하면 당황할 수밖에 없습니다. 화장실 카페는 모든 도시와 나라에서 비슷한 양식과 외관으로 체인을 만들 예정입니다. 여행지나 잘 모르는 곳에서도 안심하고 갈 수 있는 화장실이란 컨셉입니다.

   자신이 어떤 상품과 서비스를 쓰면서 다른 목적으로 자신만의 편리함을 느꼈다면 그것이 바로 기회입니다. 꼭 기획으로 연결하길 바랍니다.

가장 쉬운 기획법 ②:
단어 갖고 놀기

개념은 단어에서 시작된다고 앞에서 잠시 이야기했습니다. 기획에서도 단어는 대단히 중요한 역할을 합니다. 어떤 단어를 쓰는지에 따라서 전달하는 기획의 인상도 크게 달라집니다. 일상생활에서도 자신을 '나' 혹은 '저'라고 표현하는 것에 따라 같은 내용이라도 인상이 크게 달라지죠. 사람의 마음을 어떻게 전달하는지에 따라 기획의 결과는 매우 달라집니다. 기획하기에 앞서 알아두면 편리한 '단어 갖고 놀기'에 대해 보겠습니다.

기획은 말장난으로부터

말장난은 전통적이고도 효과적인 기획의 사고법입니다. 말장난으로 탄생한 이름은 대중에게 강한 인상을 남기고 기억하기 쉽다는 효과가 있습니다. 상품명은 물론이고, 효과와 효능 또는 상품을 쓰는 이미지를 소비자에게 동시에 어필할 수 있다는 장점도 있습니다. 특히 약 이름 중에 효능을 알리기 위해 말장난을 쓰는 경우가 많습니다.

말장난은 '두 가지 정보를 연결하는 사고방식'입니다. 말장난으로 기획을 시작해보면 구체적이고 현실적인 기획이 나올 수 있습니다. 여러 방법이 있겠지만 기획의 주제가 되는 단어를 발음이 같은 글자나 숫자로 바꿔보세요. 영단어라면 귀에 들리는 대로도 써보세요. 앞에서 말했듯 기획에서 제목을 먼저 결정하는 게 유리하기도 합니다. 그러니 기획이 막힐 때는 말장난부터 시작해보세요.

'마법의 단어'를 쓰자

쓰기만 해도 기획이 성립되는 일명 '마법의 단어'가 있습니다.

"고기, 거대, 젊음, 최신, 미녀, 훈남, 다이어트, 하와이."

바로 특별한 이유 없이도 사람들의 관심을 끄는 단어입니다. 예를 들어 "오늘 저녁에 뭐 먹고 싶어?"라는 질문에 "고기!"라고 답했을 때 "왜?"라고 묻는 사람은 없을 겁니다. 만약 "모로코 음식!"이었다면 "응? 왜?"라고 궁금해하겠지요.

제가 〈아리요시의 여름휴가〉라는 여행 프로그램을 기획할 때 촬영지를 하와이로 정했습니다. 시청자 대부분은 "휴양은 역시 하와이지!"라고 받아들이므로 따로 선택의 이유를 설명할 필요가 없습니다. 만약 촬영지가 하와이가 아니라면 '왜 지금 거길 가야 하는지', '얼마나 매력적인 곳인지'에 대해 시청자와 상사에게 설명하고 설득해야 합니다. 백화점에서 '지역 특산품전'은 전통적인 인기 기획인데 관광지로 인기 높은 지역으로 행사를 진행하면 고객 수와 매출이 늘어난다고 합니다.

사실 마법의 단어야말로 "왜?"라고 물으면 정작 뭐라 대답해야 할지 모호합니다. 그렇다고 보편적이라고 잘라 말할 수도 없습니다. 하지만 제 기획 경험상 마법의 단어는 틀림없이 쓸모가 있습니다. 그만큼 마법의 단어는 대중에게 깊이 파고들 수 있습니다. 성공률과 화제성은 이율배반적 관계지만 마법의 단어에서는 예외라고 할 수 있습니다. 물론 마법의 단어는 대체로 대중적이지만 연령대, 성별, 지역에 따라 차이가 있고, 변칙적인 경우도 존재합니다. 그럼에도 마법의 단어를 나름대로 모아두면 기획의 순발력에 큰 도움이 됩니다.

마법의 단어 중 마법의 단어

마법의 단어 중에서도 가장 마법의 단어가 있습니다. 바로 '지금'입니다. '지금'은 마법의 단어 중 가장 강력한 단어입니다. '지금'이라는 말을 붙이면 유행이라는 느낌도 줄 수 있어서 뒤처지고 싶지 않은 대중의 욕구를 자극합니다. 또한 손해 보기 싫어하는 사람의 심리를 활용해 '지금'을 붙이면 '모르면 손해'라는 인상을 줄 수 있습니다. '지금이야말로', '지금뿐', '지금이니까', '지금이라면' 등등. 한 번쯤 이런 표현에 '낚인' 경험이 다들 있을 것입니다.

'지금'이라는 개념을 마법의 단어 맥락에서 소개했지만, 사실 지금을 의식하는 것이 바로 기획의 본질이기도 합니다. '돈을 벌 수 있어서', '매진되니까', '부탁받아서' 등과 같이 사람의 동기는 각양각색입니다. 하지만 동기를 행동으로 언제 옮기는지는 다른 문제입니다. 1년 뒤에도 결과가 변하지 않는다는 보장이 있다면, 사람은 기한에 이를 때까지 최대한 행동을 미룰 것입니다. 마치 여름방학 숙제처럼 말이죠.

현대인은 수많은 정보에 둘러싸여 바쁘게 살아가므로 행동의 우선순위는 보통 마감순이 돼버립니다. '5년 안에 이것을 사면 가격이 올라 돈을 법니다', '3년 뒤에 매진됩니다', '올해 안에 해줘'라는 상태와 '지금 사면 바로 돈이 된다', '10분 후 매진', '오늘까지 해줘'라는 상태는 전혀 다릅니다. 후자는 기획이 되겠지만, 전자는 전혀 기획의 가능성이 느껴지지 않습니다. 이를 기획의 사고에 적용하기 바랍니다.

사실 제목에 '지금'이란 단어가 들어 있지 않아도 기획은 '지금 하고 싶다'라든지 '지금 바로 해야 할 일'이라든지 지금 해야 흥미가 생기는 일입니다. 그 때문에 기획은 굳이 지금이란 단어를 쓰지 않아도 왜 지금 해야 하는지를 설명하는 것이 중요합니다. '봄이니까', '연말이니까', '신기술이니까'라는 식으로 이 기획을 지금 해야 하는 이유가 없다면 좋은 기획이 아닙니다.

이때 주의할 단어는 '주년'입니다. 10주년, 100주년 등 해당 기업과 상품의 입장에서 주년은 '지금'이지만, 대중과는 아무런 관련이 없습니다. '왜 지금인지'를 생각할 때 대중에게도 지금으로 느껴지는지를 고려해야 합니다.

앞에서 기획법으로 '바꾸기'를 소개했습니다. 과거에 성공한 기획에는 당연히 그 당시의 '지금'이 존재합니다. 그 기획이 그때 나와서 성공한 것입니다. 과거에 성공한 기획에서 당시 '지금'을 현대의 '지금'으로 바꿔보면 성공률이 높은 기획을 만들 수 있습니다. 과거의 기획을 분해해서 주체가 되는 사람이나 사물을 지금의 것으로 바꿔보세요.

균형 있는 언어 쓰기

기획의 제목을 정할 때 의외로 간과하기 쉬운 것이 언어 간 균형입니다. 한자어는 전문적이지만 딱딱하고, 영어는 최신의 느낌과 멋스러운 인상을 줄 수 있습니다. 언어 간 균형에 따라 기획의 이미지도 달라집니다. 기획안 제목뿐 아니라 기획서를 쓸 때도 이 균형을 신경써야 합니다. 기획서 중엔 한자어가 너무 많거나 필요 이상으로 영어가 많은 경우도 있습니다. 기획서를 읽는 사람에게 어떠한 인상을 주고 싶은지에 따라 언어 간 균형을 결정해야 합니다.

이 책의 원제는 《기획: 좋은 기획 따위 존재하지 않는다》입니다. 여기서 기획을 '企劃'이나 'PLANNING'으로 썼다면 책의 인상이 확연히 달라졌을 겁니다. 만약 PLANNING이라 썼다면 더 기술적이고 실천적인 노하우 중심의 책으로 보였을 겁니다.

《사람이 움직이는 콘텐츠를 만드는 법》의 경우 제목에서 '움직이는'과 '만드는'을 일부러 한자로 쓰지 않았습니다. 사람을 '움직이게 만드는動かす' 것이 아니라, 사람이 능동적으로 '움직이는動く' 콘텐츠라는 것이 제 기획 취지였기 때문입니다. 또한 일본에서 일반적으로 한자어로 쓰는 단어를 풀어서 쓰면 이질감을 줘서 시선을 끌 수 있다는 이유도 있었습니다. '만드는'의 경우 원래는 '만들다', '창조하다', '제조하다' 등을 아우르는 단어를 쓰고 싶었습니다. 하지만 본문에서는 각 단어로 구분해 썼습니다.

즉, 자신의 기획 이미지를 대중과 소비자에게 효과적으로 공유할 기회를 최대한 이용해야 합니다. 사람은 시각을 통해 대부분의 정보를 얻습니다. 글씨보다는 사진에 먼저 눈이 갑니다. 그런 의미에서 자신만의 로고를 만들어 기획서에 쓰는 방법도 효과적입니다. 그러면 기획자의 의욕과 이미지가 쉽게 전달됩니다. 자기 자신에게도 고양의 효과가 생기고, 팀 구성원의 사기도 올라갑니다. 그렇게 이미지와 기획 자체가 한층 발전합니다.

단어는 기획의 자산

언어는 기획이나 콘텐츠와 연결될 때 자산으로서 가치를 가집니다. 예를 들어 '맛있어 보이는 라멘을 슬프게 바라보는 사람'은 그저 단순한 문장입니다. 적어도 누군가의 소유물이라는 인식은 없습니다.

반면 다이어트 때문에 라멘을 끊은 K를 활용하는 기획에서 나온 '맛있어 보이는 라멘을 슬프게 바라보는 사람'이라면 기획으로서 가치가 발생합니다. 또한 '#맛있어_보이는_라멘을_슬프게_바라보는_사람' 해시태그가 인스타그램이나 트위터에서 유행하는 상황을 생각해봅시다. 이때 '맛있어 보이는 라멘을 슬프게 바라보는 사람'이라는 문장은 큰 가치를 가집니다. 이렇게 기획과 결합해 만들어지는 가치가 있다면 이를 확실히 자신만의 것으로 만들어야 합니다.

기획에서는 '내 것, 네 것'이 없습니다. 심지어 기획 초기에는 이 기획이 최초임을 나타내는 요소도 존재하지 않습니다. 반대로 말하면 누군가가 내 기획을 얼마든지 따라 할 수 있기에 기획 자체는 소유 문제에 대단히 취약합니다. 콘텐츠로서 실재하는 상품이 돼야 상표나 의장등록을 하고, 저작권 표시를 함으로써 최초라는 것이 인식됩니다.

여기서 필요한 대책이 바로 '단어 획득'입니다. 요즘 대중은 뭔가에 관심이 생겼을 때 먼저 인터넷 검색을 합니다. 그렇게 특정 단어에 대한 검색량이 늘어났을 때, 그 결과를 최대한 자신의 이

익으로 만들어야 합니다. 기획을 생업으로 삼는 사람에게 단어 획득은 실천적 전략입니다. 이는 '검색엔진 최적화Search Engine Optimization'를 선행적으로 실시하는 것과 비슷한데, 즉 경쟁자가 자신과 유사한 기획을 진행하거나 같은 단어를 써도 자신의 기획이 검색 결과 상위에 표시되도록 하고, 관련된 콘텐츠와 정보를 정리해 검색한 유저를 받아들일 준비를 하는 식입니다. '단어 자체가 기획'이라면 이는 더욱 필수적인 대책입니다.

단어의 가치는 계속 높아질 것입니다. 인터넷 사회에서 기획의 가치는 단어를 얼마나 미리 점유할 수 있는지에 달렸습니다. 기획에서 인터넷상의 단어 획득에 대해 의식할 필요가 있는 이유입니다.

기획이 급할 때 쓰는 팁 8

지금까지 제 나름대로 쓸 만한 기획 노하우를 소개했습니다. 그런데 앞에 방법보다 '더 간단하고 쉬운 방법은 없을까?'라고 생각하는 분이 계실지도 모릅니다. 물론 더 간단하고 쉬운 방법이 있습니다. 마치 패스트푸드나 제약 광고처럼 들리지만 '가장 쉽고 빠르게' 높은 완성도를 보여주는 기획법입니다.

"나 이런 일로 고민 중인데 뭔가 좋은 아이디어 없어요?" 대화를 나누던 중 이런 식으로 갑자기 상담이 들어올 때가 종종 있습니다. 마치 문제를 듣고 3초 안에 답을 내놓아야 하는 퀴즈 프로그램 같습니다. 이럴 때 제가 실제로 자주 쓰는 팁을 소개합니다. 마법의 단어와 마찬가지로 알아두면 도움이 될 것입니다.

보편적 욕구와 짝짓기

시대와 장소를 불문하고 사람에게는 보편적인 욕구가 있습니다. 식욕, 성욕, 수면욕 등이 그 예입니다. 이와 비슷한 개념으로 기획에서도 큰 이유 없이 사람이 관심을 보이는 보편적 요소가 있습니다. 바로 '돈, 음식, 인기, 민족주의'입니다. 여기서 민족주의에는 배타적인 애국심뿐 아니라 애향심 개념도 포함됩니다. 이 보편적 요소만으로도 기획을 할 수 있습니다. 무엇이든 생각나는 단어에 돈, 음식, 인기, 민족주의를 붙여보세요. 뭔가 정체불명의 이미지가 돼버려도 최소한 호기심은 자극하는 기획이 나옵니다.

또한 돈, 음식, 인기, 민족주의와 무관하게 보이거나 동떨어진 개념의 대상을 조합해도 큰 효과를 발휘합니다. 예를 들어 '장례식에서 인기 있는', '쓰레기로 돈 벌기', '세계가 부러워하는 우리나라의 스쿼트'라고 하면 대체 무슨 소리인가 싶습니다. 하지만 보편적 요소와 짝지으니 '장례식', '쓰레기', '스쿼트'에 관심이 없던 대중의 관심을 끌 가능성은 커집니다. 실제로 주간지 제목 등에서 오랫동안 써온 방법입니다. 또한 지하철 광고에서도 본 것 같은 느낌을 줍니다.

최강의 시스템, 랭킹과 양자택일

　기획이란 누군가에게 정보를 전달하는 작업입니다. 정보를 알기 쉽게 전달하기 위해서는 정리가 필요합니다. 정리 작업 자체가 기획인 경우도 있습니다. 예를 들어 '연도별 정리' 등과 같이 다양한 것들을 알기 쉽게 보여주기 위해서 빠트릴 수 없는 방식입니다.

　이 중에서도 순위 매기기, '랭킹'은 최고의 시스템입니다. 낮은 순위부터 순서대로 보여주는 형식은 '끝까지 보지 않으면 손해일 것 같다'는 느낌을 줍니다. 이런저런 주제에 '베스트 10', '베스트 3'라는 이름만 붙여도 기획이 됩니다. 뭔가 뻔한 방식이라 생각할 수도 있지만, 이것을 시스템으로 인식하는지 아닌지에 따라 기획의 완성도가 달라집니다. 지금도 인터넷 기사와 텔레비전 프로그램에서도 랭킹 코너가 넘쳐납니다. 랭킹이야말로 사람이 발견한 정보 정리 방식 중 최강의 시스템이라고 저는 생각합니다.

　범위를 넓히면 게임 시스템도 있습니다. 사람들이 게임이라고 느끼는 시스템은 다양하지만, 그중 최강의 게임 시스템은 '양자택일'입니다. 홀짝 게임에서 알 수 있듯이 50% 확률로 이기고 지는 설정은 동서양을 막론하고 특히 도박에서 많이 쓰입니다. 물론 퀴즈에서도 쓰이죠. OX 퀴즈가 바로 양자택일 게임입니다. 퀴즈의 답을 알면 100% 확률로 정답을 맞힐 수 있지만, 만약에 답을 몰라도 찍어서 맞힐 확률이 50%이므로 도전 의욕이 높아집니다. 그리고 리스크가 적은 것처럼 느껴지기도 합니다. 옛날부터 명작이라 불리는 퀴즈 콘텐츠들도 양자택일을 교묘하게 씁니다. '홀 또는 짝', '빨강 또는 검정'처럼 직접적인 표현도 있고, 참여자에게 다음 단계 도전 여부를 선택하게 하는 경우도 흔히 볼 수 있습니다.

다만 선택지가 많으면 결정을 미루거나 심지어 회피하려 하기도 합니다. 행동경제학에서는 이 현상을 '선택의 역설'이라는 개념으로 설명하는데 이를 보여주는 이른바 '잼 실험'이 있습니다. 슈퍼마켓에서 잼 6개와 잼 24개를 각각 판매하면서 구매 행동에 차이가 나타나는지 비교한 실험입니다. 잼 6개를 파는 경우는 시식한 사람 가운데 30%가 구매했지만, 잼 24개를 파는 경우 구매 비율은 3%에 그쳤습니다. 이처럼 너무 많은 선택지는 구매 행동에 부정적으로 작용합니다. 사람에게 선택을 요구하는 기획을 만들 때는 선택지의 수에도 주의를 기울여야 합니다.

라이벌 만들기

유일무이한 기획을 만들고 싶어 하는 사람이 많습니다. 하지만 뭔가 비슷해 보이는 것은 결코 부정적 요인이 아닙니다. 오히려 무엇을 유행시키고 싶을 때는 라이벌 구도를 따라 설계하는 방법을 많이 씁니다.

예를 들어 기존 아이돌과 컨셉이나 멤버 수가 비슷한 새로운 아이돌이 데뷔하는 경우가 있습니다. 이러한 기획은 아이돌 간 경쟁심을 부추기기 위해서가 아닙니다. 타깃의 감정이입을 유도하기 위한 기술입니다. 또한 소비자에게 선택지를 주는 효과도 있습니다.

명확한 비교 대상이나 경쟁자가 있으면, 상품 평가와 구입의 판단 기준이 물건의 품질 등의 절대적 기준에서 상대적 기준으로 바뀝니다. 사람은 상대적 평가를 할 때 자신의 선택을 긍정적으로 받아들이는 경향이 있습니다. '내가 선택한 것이 다른 사람들이 선택한 것보다 못하다'는 생각은 '내 선택이 부족하다'는 느낌을 주기 때문이죠. 그래서 선택의 과정을 거치면서 대상에 애착이 생기고 감정이입이 이루어집니다. "나는 누구 팬인데 너는 누구 팬이야?" 식의 대화를 주고받는 아이돌 팬의 모습을 상상하면, 라이벌 이미지 구축을 쉽게 이해할 수 있습니다.

라이벌을 만들 때, 팀이나 운영진을 서로 경쟁하게 만들면 더 효과적입니다. 물론 진짜 경쟁을 시키라는 이야기가 아닙니다. 한 팀에서 경쟁을 연출한 상품을 내놓으면 그 의도를 요즘 소비자는 쉽게 알아채기 때문입니다. 담당자가 다르면 자연스럽게 다른 기획이 만들어질 것이고, 서로 경쟁하는 이야기를 공유한다면 '난 그쪽 말고 이쪽을 응원하고 싶어'라는 공감을 조금 더 수월하게 얻을 수 있습니다.

일단 가격은 비싸게

무엇이든 일단 가격을 비싸게 매기면 기획이 됩니다. 극단적으로 비싼 물건은 사람들의 관심을 끌기 때문입니다. 예전 한 동네 디저트 가게에서 새로운 케이크를 개발해 팔았는데 반응이 신통치 않았습니다. 그런데 양을 반으로 줄인 다음에 이름을 바꾸고 가격을 두 배 올려 팔았더니 대박이 났다고 합니다.

제가 경험한 예를 하나 더 소개하겠습니다. 예전에 제작을 담당한 프로그램에서 소재를 찾던 중 어떤 관광지에서 굉장히 비싼 치즈케이크를 판다는 이야기를 들었습니다. 그래서 당장 맛보러 달려갔습니다. 확실히 진하고 맛있었지만 그 가격만큼의 가치가 있는지는 솔직히 의문이 들었습니다. 제가 '막입'이라 몰랐을 수도 있습니다. 어쨌든 그 당시에는 그 가격대의 치즈케이크가 매우 드물었습니다. 그래서 프로그램을 통해 그 치즈케이크가 소개됐고 반응이 매우 뜨거웠습니다. 이런 예를 통해 사람은 물건의 가치를 가격으로 판단하는 경우가 많다는 점을 알 수 있습니다.

그렇다고 소비자를 속이자는 말은 아닙니다. 가격을 극단적으로 비싸게 매기는 이유는 사람들이 '왜 이렇게 비쌀까? 무슨 이유가 있겠지'라고 더 자세한 정보를 찾아보도록 유도하기 때문입니다. 대중은 어지간히 좋아하지 않으면 굳이 정보를 찾으려 하지 않습니다. 동기를 만들 수 있다는 것은 대단한 이점입니다.

제가 예전에 '다부류飛龍'라는 사케를 기획한 적이 있습니다. 예전에 'W'라는 이름으로 불렸던 최고급 사케의 새로운 브랜드명입니다. 회사가 있는 지역 이름인 '히다飛騨'를 거꾸로 읽은 다음 '용龍'을 붙여 '히다에서 세계를 향해 비상하는 용이 되기를 꿈꾸는' 바람이 담긴 이름입니다.

다부류의 가격은 일반 사케보다 세 배 이상 비쌉니다. 물론 재료나 제조 과정을 보면 비싼 이유가 있습니다. 먼저 제조사는 각종 세계 대회 60관왕을 달성했고, 2020년 세계 양조장 순위에서 1위를 차지한 곳입니다. 재료를 보면 술 담그는 데 최적인 쌀

품종 중 특A 등급만 골라 최첨단 정미기로 쌀알의 흰 부분만 수정 구슬처럼 깎아 씁니다. 발효할 때는 메이지 시대부터 전해져 내려오는 나무통을 씁니다. 술이 익으면 천연 감물로 염색한 무명천으로 깨끗이 걸러 중간 단계 원액만을 저온 추출합니다. 사케를 잘 모르는 사람도 이렇게 설명을 들으면 '뭔가 대단하다' 정도의 반응이 나올 겁니다. 하지만 일단 비싼 가격만으로도 화제가 됩니다.

참고로 다부류는 2020년 도쿄올림픽에 맞춰 발매될 예정이었지만, 코로나19로 판매 계획에 차질이 생겼습니다. 그런데 발매가 늦어지면 최적의 술맛을 놓칩니다. 그로 인해 100병을 '코로나19 위로 선물'로 증정하기로 했습니다. 이 캠페인은 트위터를 통해 이루어졌는데, 하루 만에 10만 건 넘는 리트윗을 기록하며 큰 화제를 모았습니다. 캠페인 성공에는 여러 요인이 있겠지만, 역시 비싼 가격이 소비자들에게 직감적으로 작용했기 때문이라고 생각합니다.

다만 비싸게 파는 방법을 쓰기 위해서는, 해당 분야에서 '비싸다'고 여기는 기준이 낮아야 합니다. 술 중에서도 와인에는 고가품이 많지만 사케에는 상대적으로 고가품이 덜합니다. 비싼 와인보다 비싼 사케를 선물받을 때 놀라움과 감동이 더 크다는 의미입니다. 다부류 기획 단계에서 저는 '들어가는 수고와 품질에 비해 사케는 가격이 싸다'고 생각했습니다. 그래서 일반 사케 대비 세 배 이상 비싸게 받아도 통한다는 자신이 있었습니다. 비싸다고 느끼는 기준이 낮은 분야를 기획한다면 비싼 가격을 검토해보는 것도 방법입니다.

그럴듯한 주제로 나누기

앞에서 타깃을 안일하게 분류하면 안 된다고 말했습니다. 취향이 다양해진 현대사회에서 자칫하면 소비자 이미지를 잘못 판단할 우려가 있기 때문입니다. 그러나 여러 요소를 분류해 그룹화하는 것으로 기획을 만들 수 있습니다. 가벼운 마음으로 분류해봐도 좋습니다.

예를 들어 판매 행사를 나라별로 분류하면 '이탈리아 페어', '타이 페어' 등이 될 것이고, 시대나 스타일로 분류하면 '18세기 스타일 시리즈', '독신에게 딱 맞는 1인용 시리즈', 상황과 색으로 분류하면 '데이트 코디 특집', '핑크 마니아는 모여라' 등의 기획을 만들 수 있습니다. 실제로 우리 주변에도 그룹화로 만들어진 많은 기획이 보입니다. 그룹화의 기준에는 장소, 출신지, 크기, 무게, 시간, 기분 등 제약이 없습니다.

너무나 흔해서 그룹화가 곧 기획이란 사실을 오히려 알아차리지 못하지만, 이 인식은 기획에 큰 도움이 됩니다. 다른 기술과 같이 쓰기도 쉬워서 활용하기 편리한 방법이기도 합니다.

기획 제목에도 그룹화를 이용하면 그럴싸한 느낌이 생깁니다. 예를 들어 부서별 과장들을 위한 간담회를 기획할 때, 단순하게 '과장 대상 간담회'라 하지 말고 '내년에 차장 달고 싶은 과장들의 모임'이라고 그룹화를 해봅시다. 한순간에 기획이란 느낌이 살아나고 친밀감과 동질감도 느껴집니다. 제목을 듣고 달가워하지 않는 상사도 있겠지만 느낌은 그럴듯합니다. 기획을 할 때 이런 식으로 주변에서 분류할 대상이 없는지 찾아보기 바랍니다.

숫자로 말하기

그룹화의 응용법으로 숫자로 말하는 기술도 있습니다. '10연발, 100명, 1000회'처럼 숫자를 제시하면 강한 인상을 주는 기획이 만들어집니다. 흔한 나무젓가락도 1억 개가 모이면 존재감이 엄청나고, 1억 개라 하면 도대체 어느 정도의 양인지 궁금해지는 것처럼 말입니다. 주문 실수로 수백 개의 상품을 받고 인증한 SNS 글은 꾸준히 나오고 화제가 됩니다. 일본에서 AKB48이라는 여성 아이돌이 데뷔했을 때 당시 미디어는 48이라는 숫자에 초점을 맞춰 보도했습니다. 지금이야 48이라는 숫자가 특별하게 느껴지지 않지만, 48명의 멤버로 아이돌을 구성하겠다는 기획이 강한 인상을 남겼기 때문입니다.

기획에서 숫자는 강한 인상을 남길 뿐 아니라 숫자 자체로도 화제가 됩니다. 물론 부정적인 내용에서도 마찬가지입니다. 확산이 쉽다는 것은 장점이자 단점입니다. 코로나19 상황에서 특히 초기 때 확진자 숫자가 미디어로 확산되며 화제가 된 일은 지금도 기억이 납니다. 숫자를 효과적으로 쓰면 상상 이상의 확산력을 얻을 수 있다는 증거입니다.

제시하는 숫자는 클수록 좋은데, 이땐 해당 시점과 분야에서 대중이 비정상적인 수치라든지 가치 있는 수치라고 느낄 수 있어야 합니다. 예를 들어 '라멘 30그릇 먹방'이라고 하면 사람들이 대단하다고 생각하겠지만, '면발 2000미터 라멘 먹방'이라 하면 숫자가 커도 얼마나 대단한 것인지 감이 바로 오지 않습니다. 숫자를 제시하는 목적은 사람들의 관심을 끄는 것이므로 이미지가 전혀 떠오르지 않는다면 효과가 없습니다.

사람에게 '컨셉' 씌우기

사람은 자신과 남을 구별 지으려는 존재라고 앞에서 이야기했습니다. 낯선 존재를 두려워하는 것은 사람의 본능입니다. 그래서 맞든 틀리든 '혈액형 중에 B형은 이런 타입이지', '이 직업을 가진 사람은 대부분 이런 성격이잖아'라면서 자신이 알고 있는 정보로 분류함으로써 낯선 존재를 안심할 수 있게 만들려고 합니다. 이를 거꾸로 이용하면 '사람을 컨셉화'한 기획을 만들 수 있습니다.

어떤 신인 여성 아이돌을 예로 들겠습니다. 멤버는 모두 고등학생인데 아이돌이 되려고 지방에서 올라왔습니다. 아직 인지도가 낮아서 소수의 팬이 아니면 사람들이 이름을 들어도 잘 모릅니다. 기획사에서는 유튜브를 시작해서 채널 구독자와 인지도를 늘리자고 결정합니다. 하지만 지금 인지도로는 홍보 영상을 올려도 라이벌이 너무 많아서 채널 구독자 수와 인지도는 늘지 않을 것 같습니다. 가창력이나 예능감이 주목받는 계기가 없는 한, 유튜브 채널의 신규 구독자가 생기고 구독자들이 계속 영상을 보게 하기란 여간 어려운 일이 아닙니다.

그런데 이 아이돌에 '아이돌을 꿈꾸며 상경했지만 인기를 얻지 못한 여고생들'이라고 컨셉을 씌워봅시다. 관심을 가질 만한 사람이 늘어날 수 있습니다. '여고생들'은 트렌디한 감각의 요즘 애들이란 이미지를 떠올리게 하고, '상경했지만'은 요즘 애들이지만 순진하기도 한 이미지를 떠올리게 합니다. 이런 점을 이용하면 마케팅에서 유의미한 정보 발신자가 될 수 있습니다.

예를 들어 '트렌드에 민감한 고교생'이 모든 신상품을 닥치는 대로 개봉하고 평가하는 영상이 있다면, 또래들은 '나는 이런데 쟤는 어떨까?'라는 생각으로, 중장년 세대는 '요즘 애들은 뭘 좋아하지?'라고 궁금해하며 영상을 볼 겁니다. 이는 기업의 마케팅 담당자가 비즈니스에 참고할 수 있습니다.

다음은 45세 무명 코미디언을 예로 들겠습니다. 특별한 계기가 없는 한 SNS를 통해서도 많은 사람에게 알려지기 어렵습니다. 이 코미디언의 컨셉을 잡아보죠. '코미디의 꿈을 좇아 대학가 한복판에 사는 45세 독신남'이라고 쓰면, 같은 처지의 중년 독신 남성에게 뭔가 위로와 꿈이 되는 존재로 보일 수 있습니다. 고독감을 느끼는 독신 중년을 지원하는 봉사 단체나 미디어에서 취재 섭외가 올지도 모릅니다.

사람들은 모르는 대상을 데이터나 범주로 묶고 싶어 합니다. 자신 안에 존재하는 이미지로 바꿔서 본다는 뜻입니다. 사람을 컨셉화한다는 것은 모르는 사람을 아는 사람으로 보이게 바꾼다는 의미입니다. 이렇게 거리를 좁혀서 일단 아는 사람이 되면 상대방은 감정이입을 해주고, 신인 여성 아이돌 멤버라면 예명에 더해 본명도 알아줄 것입니다. 이때 본명이 아니라 자신의 이미지를 살린 또 다른 '예명'을 만들어 쓸 수도 있습니다.

기획을 기획하기

'기획이 전혀 떠오르지 않는다', '이런 흔해 빠진 상품을 소비자에게 어필하는 것은 불가능하다'는 식으로 기획이 막다른 길로 갈 때가 있습니다. 이럴 때는 기획 자체를 기획으로 만드는 것도 방법입니다.

예를 들어 '신상품 판매량을 늘릴 수 있는 기획을 모집합니다!' 같은 식입니다. 대부분 공모전이나 콘테스트 형식으로 진행하고 상금이나 상품 등의 부상이 주어지는 기획입니다. SNS로 모집하기도 하고 예산이 있으면 돈을 들여 미디어로 홍보해 광고 효과도 얻을 수 있습니다.

기획을 고안하는데 아이디어가 좀처럼 떠오르지 않아 고민하고 좌절하는 모습 자체를 영상이나 기사로 만들어 콘텐츠화하는 방법도 있습니다. 사람은 이야기에 돈을 쓴다는 말이 있습니다. 소비자가 감정이입하면 성공한다는 뜻입니다. 기획의 참여자이자 응원자가 될 수 있다면 뭔가 감정을 품기 마련입니다. 기획 자체를 기획하는 방법은 과정을 공유함으로써 팬을 만드는 기술입니다.

이 방법은 모든 상품과 서비스에 적용할 수 있고 딱히 어울리기 힘든 대상도 없습니다. 다만 주의할 점은 숨기거나 꾸미지 않은 진솔한 모습을 보여줘야 한다는 것입니다. 평소에 보이지 않던 것이 보인다는 가치를 부여해야 신선하고 귀중한 경험으로 인식될 수 있습니다.

5장

세상에 기획 내놓기

회사를 떠나 세상으로 나와야 '진짜 기획'입니다. 그렇게 기획이 세상으로 나오기까지 회사 안에는 수많은 걸림돌과 방해자들이 있습니다. 마치 게임 미션처럼요. 걸림돌을 슬기롭게 넘고, 방해자를 협력자로 만드는 것 역시 기획자의 능력입니다.

어디까지가 '진짜' 기획?

 기획은 세상으로 나와야 비로소 가치가 생깁니다. 설령 망했거나 사회적으로 실패했다 하더라도 세상에 나왔다는 이유만으로 기획은 충분한 가치가 있습니다. 기획은 구상하는 것보다 세상에 나오는 것이 더 어렵기 때문입니다.
 무언가를 기획해서 책임감 있게 세상에 내놓고 "이건 제 기획입니다!"라고 자신 있게 말할 수 있는 사람은 의외로 적습니다. 그런데 뭔가를 기획하는 사람은 살펴보면 항상 같은 사람입니다. 절대다수는 기획에 대해 평가하거나, 비웃거나 개선점을 내놓는 정도입니다. 예를 들어 환영회가 끝나고 "거기 음식이 너무 비싸더라", "그날 멤버가 별로였지 않아?", "가게 인테리어가 별로였어요"라는 식으로 한마디 보태는 경우입니다.

주변에 기획자가 있다면 물어봅시다. 환영회를 기획하고 실행한 사람과 행사에서 분위기를 돋운 사람 중에 누구의 가치가 더 높은지 말입니다. 아마도 기획자의 선택은 환영회를 기획하고 실행한 사람일 것입니다. 후자는 환영회라는 기획의 일부에 지나지 않기 때문입니다. 환영회가 기획되지 않았다면 "가게 인테리어가 별로였어요"라는 말도 나올 수 없습니다. 이번 장에서는 기획을 세상에 내놓고 나아가 기획을 실현해나가는 것에 대해 생각해보고자 합니다.

저는 기획을 세상에 내놓는 것과 실현하는 것은 다르다고 생각합니다. 으레 기획을 세상에 내놓은 시점에서 기획이 실현됐다고 생각하기 쉽지만 꼭 그렇지는 않습니다. 구상한 기획이 어디까지인지 명확히 아는 것은 대단히 중요합니다.

예를 들어 아이돌은 어디까지가 기획의 실현일까요? 첫 데뷔 공연을 할 때까지? 첫 단독 콘서트까지? 멤버 중 하나가 배우로 데뷔할 때까지? 해체할 때까지? 정답은 '기획자가 기획의 완성이라고 머릿속에 떠올린 단계까지'입니다.

기획 실현 범위가 어디까지인지에 따라 기획 설계도는 완전히 달라집니다. 연 1회의 이벤트를 기획한다고 생각해봅시다. 일회성 이벤트라면 그 한 번을 놓치고 싶지 않게 만드는 장치나 홍보를 전개합니다. 그런데 기존에 안 해본 이벤트라면 즐거움의 반응을 예측할 수 없습니다. 그러므로 여름축제, 백화점 특별전 등 '본 듯한' 내용을 선택해서 '그 이상의 지상 최대 이벤트', '단 한 번뿐인 한정 콜라보레이션' 같은 식으로 만들어야 합니다.

반면에 지속적으로 진행해 10년 뒤 확고한 지위에 오르는 게 이벤트 목적이라면, 10년에 걸쳐 점차 인지도를 높여가면서 해당 이벤트에서만 즐길 수 있는 콘텐츠와 10년 동안 이어질 스토리 등을 준비해서 '계속함으로써 의미가 생기는 연출'을 해야 합니다.

또한 처음부터 3부작으로 기획한 영화와 전편이 성공해 속편 제작이 결정된 영화는 당연히 제작 방법이 다릅니다. 전자라면 각 편마다 예산과 전문 인력을 어떻게 배분할지 처음부터 계산합니다. 다음 편이 궁금해지게 만드는 복선도 필수입니다. 그런데 후자의 경우는 예산과 전문 인력 계획을 새로 짜야 합니다. 전편이 속편 없이 끝날 예정이었으니 써먹을 복선도 없습니다. 즉, 완전히 새로운 기획이라 생각하고 처음부터 차근차근 구상해야 합니다. '전편이 성공했으니 속편도 괜찮을 거야'라고 생각해도 되는 경우는 애당초 기획에 속편이 예정됐을 때뿐입니다.

방송사에서 프로그램 기획의 목적은 대개 정규 편성입니다. 기획의 실현이란 의미로 보면 매주 방송되는 것입니다. 제가 기획한 〈도주중〉이란 예능 프로그램이 있습니다. 기획상으로는 서너 달에 한 번 편성이 목표였습니다. 정규 편성이 목표가 아니었던 이유는 정규 편성이 되면 쉽게 질릴 기획이었기 때문이었습니다.

파일럿 프로그램은 한 편만으로 정규 편성의 가능성을 보여 줘야 하기에, 기획의 기준 역시 한 편입니다. 그렇다면 처음 봐도 이해할 수 있는 간단함이 기획에 필수적이지만, 그대로 정규 편성이 되면 시청자가 바로 싫증을 냅니다. 그런 점에서 〈도주중〉은 정규 편성으로 좋은 기획은 아니었습니다. 서너 달 정도 쉬었다가 볼 마음이 다시 생기면 즐기기 좋은 프로그램입니다.

그런데 예상 밖으로 〈도주중〉이 정규 편성됐습니다. 기존 기획으로 정규 편성이 되면 금방 관심이 꺼질 게 뻔했기 때문에 수정이 필요했습니다. 먼저 '크로노스'라는 가상의 회사를 설정해서 '시간을 주제로 한 다양한 게임을 벌이는 프로그램'으로 기획을 확장했습니다. 기존 〈도주중〉 외에도 〈밀고중〉, 〈호위중〉, 〈해제중〉, 〈생환중〉 등의 새로운 게임을 추가해 시청자들의 흥미와 관심이 금방 꺼지지 않도록 했습니다. 이러한 노력에도 결국 비정규 편성으로 바뀌었지만, 〈도주중〉의 기본 규칙이 널리 알려졌고, 비정규 편성으로 바뀌었을 때는 정규 편성 기간에 새로 만들어놓았던 게임을 활용하는 식으로 내용을 보강할 수 있었습니다.

이처럼 기획에는 기간이 짧은 것도 있고 긴 것도 있습니다. 기간이 긴 기획에서는 소비자나 유저에게 일어나는 인지와 감정의 변화도 기획의 일부가 됩니다.

'실현'의 범위가 어디까지인지 명확하지 않으면 성공할 기획도 성공하지 못합니다. 기획 실현 범위에 대해 자세히 말한 이유입니다. 즉, 기획자와 결정권자는 어디까지가 기획의 실현인지를 공유해야 합니다. 그렇지 않으면 비효율적인 작업이 많아지고 그만큼 기획의 성공률도 낮아집니다.

첫해 결과가 나빠 10년짜리 기획을 중단하는 경우가 자주 있습니다. 10년까지 계속했으면 성공했을 기획인데 아깝다고 생각

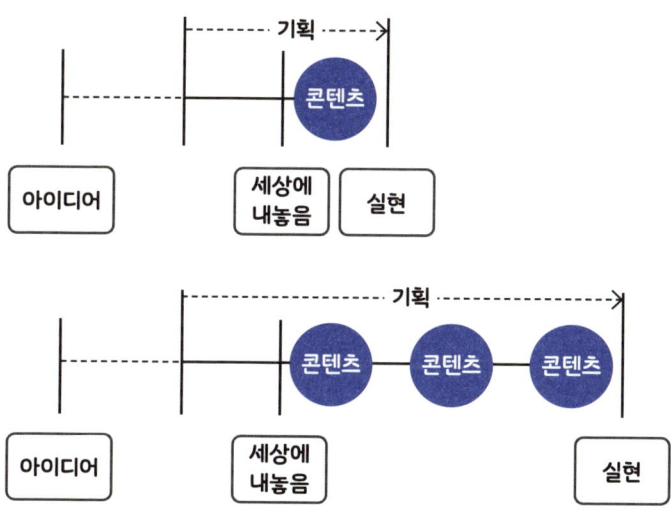

할 수도 있습니다. 하지만 기획의 진행은 결국 첫해 성과에 달렸기 때문에, 차라리 일회성 이벤트로 기획했어야 했다고 생각해 볼 필요도 있습니다.

내 기획을
세상에 내놓겠다는 각오

　기획을 실현하기 위해서는 일단 세상에 내놓아야 합니다. 제가 하고 싶은 말은, 혼자라도 세상에 내놓을 수 있는 기획이 있다면 당장 내놓으라는 겁니다. 일단 세상에 내놓고 반응이 있으면 다음 단계를 생각하는 편이 결과적으로 성공률이 높습니다.

　세상에 내놓고 싶어도 그러지 못하는 경우는 대부분 클라이언트나 상사가 결정권을 쥔 경우입니다. 이때에도 가장 중요한 것은 '무슨 일이 있어도 이 기획을 반드시 세상에 내놓겠다'는 굳은 의지입니다.

　결정권자 입장에서 봅시다. 영업부 A가 준비하는 '집에서 하는 라멘 데이트' 기획은 회사 차원에서도 경영의 터닝포인트가 될 수 있는 시기에 진행 중입니다. 사원들이 기획안을 내도록 한 것도 사장의 지시였습니다. 그런데 A 말고도 영업부 직원 한 명도 기획안을 냈습니다. 프레젠테이션을 들어보니 두 기획의 완성도는 큰 차이가 없어 보입니다. 하지만 A의 태도는 '내 주머니를 털어서라도 꼭 밀어붙이겠다'는 느낌인 반면 나머지 한 명은 '사장님이 시켜서 어쩔 수 없이 냈다'는 태도였습니다. 결정권자인 사장이 보기에도 A는 어떤 어려움이 있어도 기획을 실현하기 위해 최선을 다하고, 만약 실패하더라도 만회할 수 있는 대책을 제시할 것 같습니다. 물론 실제로 사비를 쓸 일이 없더라도, 사장은 분명히 A에게 기획을 맡기고 싶을 것입니다.

저도 방송사에서 일할 때 기획을 통과시키기 위해 여러 번 '계급장을 떼고' 달려들었습니다. 지금에야 '그땐 참 눈에 뵈는 게 없었지'라고 떠올리는 추억이 됐지만, 당시 제 프로그램 기획은 이상한 게 많아서 그렇게라도 굴지 않으면 통과되지 않았을 것이기에 어쩔 수 없었습니다. 당시 상사들이 그런 저를 어떻게 받아들였는지는 알 수 없지만, 분명 제게 '무슨 일이 있어도 반드시 세상에 내놓겠다'는 굳은 의지를 느꼈을 것입니다. 그렇게 저는 항상 배수진의 각오로 기획에 임했습니다. 그때 통과한 기획들은 지금도 방송되는 인기 프로그램이 됐습니다.

결정권자도 기획의 리스크를 안고 있습니다. 그렇기에 '이 기획을 실현하는 것은 내 책임이다'라는 기획자의 자세는 결정권자를 안심시키는 근거가 됩니다.

결정권자도 기획의 리스크를 안고 있다는 이야기에 좀 더 덧붙이겠습니다. 기획 실현에 이르기까지 결정권자가 많아지면 기획 자체가 바뀌어버립니다. 즉, 배에 사공이 많아지는 겁니다. 기획안이 부장에게 넘어가서 바뀌고, 사장에게 넘어가서 또 바뀌고, 결국 세상에 나온 기획에서는 그 원형을 찾아볼 수 없습니다. 실제 자주 일어나는 일이고, 앞에서 말했듯 기획의 상당수가 시작 때 의도보다 '둥글게' 바뀌어 실현됩니다. 결정권자 입장에서는 기획이란 어쨌든 리스크가 있다고 여기기 때문입니다.

물론 시도하는 리스크보다 '하지 않는' 리스크가 높은 시대이므로 기획은 계속해야 합니다. 그러니 각 결정 단계마다 리스크를 분산하고 회피하려는 이른바 '헤지Hedge'가 이루어집니다. 따지고 보면 큰 조직 내 결정권자의 업무 대부분이 리스크 헤지이기도 하고요. 부서 입장에 따라 리스크는 각자 다르므로 결정권자가 많을수록 기획의 날카로운 부분이 둥글게 깎이는 것입니다. 앞에서 말했듯, 기획에서 성공률과 화제가 될 가능성은 이율배반적 관계입니다. 기획의 리스크를 줄이면 실패율은 줄어들지 몰라도 크게 성공할 가능성도 줄어듭니다.

이런 조직 안에서 기획을 승인한 사람은 '나를 믿어준 사람'

입니다. 대부분 조직에서는 1차 승인자도 '해당 기획의 책임자'로 여깁니다. 만약 기획이 실패하면 '그 사람'이 통과시킨 기획이 실패했다는 소리를 듣기 쉽습니다. 결정권자도 기획을 승인하는 순간 그 기획의 '공범자'가 되는 것이죠.

하고 많은 단어 중에 굳이 '공범자'를 쓴 이유가 있습니다. 기획이란 어떤 일을 '꾸미는 작업'이기 때문입니다. 기획을 실현하고 성공시키기 위해 어느 정도 '포장'을 하거나 사전에 분위기를 잡아야 할 때가 있습니다. 이때 1차 승인자가 기획에 호의적이면 분위기를 잘 잡을 수 있습니다. 그러면서 1차 승인자가 날카로운 기획을 둥글게 깎지 않고 통과시켰다면, 그 또한 기획의 리스크를 고스란히 떠안은 셈입니다. 즉, 기획자의 공범자가 됐음을 그도 받아들였다는 의미입니다. 회사가 아니라 개인적 인연을 통해 기획을 진행하는 경우도 마찬가지입니다.

기획 초기에 참여했다면 함께 일을 꾸민 용기 있는 공범자입니다. 설령 기획이 실패해도 '우린 무언가 함께 결정했다'는 점에서 깊은 신뢰를 바탕으로 인연이 이어질 수 있습니다. 기획에서 공범자란 '내 편'일 뿐 아니라 인생을 풍요롭게 만들어주는 동반자이기도 합니다.

기획이 술술 풀리는
10가지 노하우

기획이 세상에 나오기까진 정말 다양한 걸림돌이 존재합니다. 여기에서는 기획을 세상에 내놓을 때까지의 흐름을 정리하면서 알아두면 좋은 팁을 알아보겠습니다. 이제부터 소개하는 10가지 팁을 활용하면 기획에서의 걸림돌을 피하거나 제거할 수 있습니다. 그만큼 기획 진행이 순조로워집니다.

기획에 끌어들일 사람을 찾아라

아직 아무것도 정해지지 않은 단계, 즉 '이런 느낌의 기획을 해보고 싶다'는 생각이 들 때입니다. 잡담 반, 프레젠테이션 반이라는 마음으로 "이런 생각을 해봤는데, 어떤 것 같아요?"라고 물어보면서 주변 사람들의 반응을 살핍니다. 말하자면 반경 30미터 내 마케팅 조사인 셈입니다.

"재미있을 것 같은데요?"라고 말하는 사람이 나오면 기획에 끌어들일 사람을 결정합니다. 대규모 팀을 만든다기보다 내 편 혹은 동료를 찾는 단계에 가깝습니다. 협력해줄 동료를 찾아 기획 내용을 구체적으로 결정하는 단계로 넘어가면, 저는 주로 브레인스토밍을 합니다. 대개 브레인스토밍이라 하면 많은 사람이 회의실에 모여서 의견을 주고받는 장면을 떠올리기 쉽습니다. 하지만 제가 추천하는 브레인스토밍은 대화의 핑퐁 상대가 될 만한 한 명과 함께하는 1:1 형식입니다.

심리학 연구에서도 많은 인원이 참여하는 브레인스토밍은 효과가 없다고 말합니다. 브레인스토밍의 유효성을 검증하는 22개 실험 가운데 유효하다는 결론이 나온 연구는 하나도 없다는 결과도 있습니다. 여기에는 세 가지 이유가 있는데 '많은 사람이 동시에 말할 수 없으니 남이 말하는 동안 자신의 생각을 잊어버려서', '다른 사람이 내 아이디어를 평가하는 게 불안해서', '졸거나 딴짓을 하는 사람이 있어서'라고 합니다. 수긍이 가지 않나요?

첫 브레인스토밍 상대는 내게 끌려올지 모르는 소중한 동료입니다. 신뢰 관계를 쌓기 위해서도 한 명으로 시작하는 게 좋다고 생각합니다. 저는 알고 싶거나 친해지고 싶은 상대와는 되도록 둘이서만 만나려고 노력합니다. 물론 친해지기 전에는 아무래도 어색해 다른 사람도 부르고 싶습니다. 분위기를 띄워줄 공통의 지인이나 동료가 있으면 안심이 되니까요.

하지만 둘과 셋의 커뮤니케이션은 성질이 아주 다릅니다. 둘이라면 도망가거나 피할 수 없으니 필연적으로 서로에게 집중할 수밖에 없습니다. 셋이 모이는 술자리라면 왠지 가벼운 마음으로 낄 수 있지만, 둘이 모이는 술자리는 '대작'이라는 말이 따로 있을 정도로 진지한 분위기가 더해집니다. 게다가 둘이 이야기한 내용은 나와 상대방만이 아는데 '너랑 나만 알고 있는 뭔가가 있다'는 사실은 신뢰 관계를 키우는 데 절대적으로 필요한 요소입니다.

여기서 상대방을 사귀고 싶은 사람으로 바꿔보면 더 쉽게 이해할 수 있습니다. 둘이 만나면 데이트지만 제삼자가 끼면 데이트가 아닙니다. 긴장되더라도 둘이서만 시간을 보내야 관계가 더욱 친밀해집니다.

참고로 브레인스토밍을 하려면 자신의 업무 내용을 대략적으로라도 알고 있는 사람이 좋습니다. "그때 했던 얘기 때문인데요"라는 식으로 말해도 대화가 이루어지는 사람이면 좋습니다. 그렇게 대화를 시작하면 기획의 발상 과정과 머릿속 이미지를 무난히 공유할 수 있으니 더욱 구체적인 논의가 가능합니다.

상대방 머릿속에 기획 이미지가 딱 떠오르게 하라

기획에 사람을 끌어들일 때 가장 중요한 것은 상대방 머릿속에 기획 이미지가 딱 떠올라야 한다는 점입니다. 이것은 기획 실무를 같이하는 동료뿐 아니라 결정권자에게도 해당됩니다.

일하다 보면 "밑에 녀석이 영 말귀를 못 알아먹어", "우리 상사는 한 번에 절대 말을 못 알아듣는다니까?", "우리 쪽은 세 번을 설명해야 겨우 알아듣더라고요" 등의 불평이 많이 들립니다. 원래 내 생각을 남에게 온전히 전달하는 일은 생각보다 훨씬 어렵습니다. 자신이 떠올린 이미지는 남에게 전달되기 어렵다는 것을 전제로 해야 합니다.

상사나 클라이언트가 기획을 승인하는 장면을 예로 들겠습니다. 먼저 그들에게 기획의 이미지가 전혀 전달되지 않은 경우입니다. 이런 경우는 애초에 기획이 통과될 리가 없습니다. 그다음, 기획의 이미지는 전달됐는데 정확히 떠오르지 않은 경우를 보겠습니다. "아, 무슨 말인지는 알겠고"라고 어영부영 통과될 때도 있지만, 실제로는 전혀 이해하지 못한 상황입니다. 이해했다고 착각했거나, 바쁘고 귀찮아서 이해를 잠시 미뤘거나 둘 중 하나입니다. 이 상황에서 기획이 통과되고 구체화될 때 클라이언트와 상사가 자신이 떠올렸던 기획의 이미지와 차이를 느끼면 "그때 그런 얘기였어?"라는 식의 말로 진행을 멈춰버립니다. 경우에 따라 기획 자체가 원점으로 돌아가거나 심지어 엎어지기도 합니다.

어느 정도 진행된 기획이 원점으로 돌아가거나 엎어지면 힘이 쏙 빠지죠. 이런 불상사를 막기 위해서라도 기획 초기에 자기 머릿속 이미지가 상대방에게 똑같이 떠오르게끔 노력해야 합니다. 안 그랬다간 나중에 10배 더 귀찮은 일이 생길 수 있습니다.

상대방이 기획의 이미지를 떠올리는 데 도움이 되는 것이 바로 기획서입니다. 기획서란 해당 기획의 모든 관련자를 편리하게 만드는 공통 언어입니다. 프레젠테이션에서 바로 통과되는 기획은 거의 없습니다. 대부분은 더 높은 상사, 주위 관계자나 전문가들의 의견을 더한 후에야 동의나 승인 결정이 납니다. 상사는 기획안을 검토하고는 대개 "내가 보기엔 괜찮은데 사장님께 여쭤보고"라고 말합니다. 그리고 상사는 사장에게 보고할 때 기획서라는 공통 언어를 씁니다.

기획서는 자신이 떠올린 이미지를 정리한 것이 아닙니다. 프레젠테이션 보충 자료도 아닙니다. 기획의 승인과 통과를 위한 서류도 아닙니다. 기획자가 직접 말하지 않아도 자신이 떠올린 이미지를 제대로 전달해주는 공통 언어입니다.

기획서를 읽게 하지 말고 보게 하라

기획서를 쓸 때 꼭 염두에 둘 것이 있습니다. 한눈에 전달돼야 한다는 것이죠. 잘 읽혀야 하는 것이 아니라 말 그대로 잘 보여야 합니다. 문장과 데이터가 이해하기 쉬운지를 따지기 이전에 시각적으로 이해할 수 있는지가 중요합니다. 기획서 양식에 큰 제약이 없다면 사진을 적극적으로 쓰는 게 좋습니다. 가능하다면 영상도 좋습니다. 자신이 생각하는 이미지와 딱 맞는 사진이 있다면 가장 좋겠지만, 만약 없다면 인터넷에서 찾아봅니다. 물론 자신의 생각과 정확히 일치하는 사진을 찾긴 쉽지 않습니다. 설령 발견하지 못했어도 '사진 1과 2를 섞은 분위기'라고만 설명해도 상당 부분 전달됩니다.

글로만 기획서를 써야 하는 경우에서도 기획서는 '보는 것'이라는 인식이 중요합니다. 대부분의 사람들은 자기 업무에 바빠서 기획서를 받으면 대충 훑어보기 마련입니다. 물론 사람들이 기획 내용을 제대로 이해하지 못하면 '저 인간, 읽으라고 갖다 바쳐도 못 읽네'라는 짜증이 나기 마련입니다. 하지만 기획에 관한 프레젠테이션과 설득은 어디까지나 기획자의 책임입니다. 결정권자가 기획의 내용을 잘 이해하지 못했다면 그 책임은 기획자에게 있습니다.

기획의 최종 상대는 대중입니다. 대중은 결정권자보다 더욱 매사를 귀찮아하고, 변덕스럽고, 집중력이 낮습니다. 뭔가를 설명하고 보여줘도 절대 신경써서 읽거나 보지 않습니다. 얼핏 보고 대충 결정합니다. 물건을 사도 설명서를 읽지 않고 쓰는 경우가 많습니다. 정말 쓰기 쉽게 고안해 아예 설명서가 없는 상품이 나오고, 프로그래밍 작업 때 '어린이가 쓰지 못하는 인터페이스는 가치가 없다'는 이야기가 나오는 이유입니다. 전달력 때문에 기획서 자체를 영상으로 만드는 경우도 급격히 늘었습니다.

그런 의미에서 글로 쓰는 기획서가 구시대적이라는 생각이 들기도 합니다. 하지만 글로 써야 하는 상황이라도 상대가 클라이언트든 대중이든 최대한 시각적이고 본능적으로 기획의 이미지를 전달하도록 신경씁시다. 강조하는 싶은 부분은 서체를 다르게 쓰거나 밑줄을 칩시다. 여백의 배치도 적절히 줘서 눈에 잘 들어오게 만듭시다. 양식이 어떻게 됐든 '시각'이라는 요소는 기획에서 대단히 중요합니다.

가제는 임시 제목이 아니다

기획서를 쓸 때 첫 페이지에는 대개 제목을 적습니다. 나름의 가제를 적기도 하고, 그냥 '기획서'나 '기획제안서'처럼 별다른 제목을 쓰지 않는 경우도 많습니다. 하지만 잘 붙인 가제가 통과의 지름길이 될 수 있습니다.

제목은 곧 기획의 목표입니다. 잘 붙인 제목 하나로 한순간에 기획의 형태가 잡히고 성공률이 높아 보이는 인상을 줄 수 있습니다. 회의 중에 기획 이미지가 나왔다면 일단 "그러니까 예를 들어 '라멘 마니아들의 라멘 참기 선수권 대회' 같은 느낌이야?" 라든가 "듣다 보니 '사회자 K만 몰랐던 송년회 깜짝 카메라' 같은 제목은 어때?"처럼 나름의 제목을 붙여봅니다. 이렇게 한다면 제목이 적절한지 여부를 떠나 벌써 세상에 나온 기획처럼 느껴집니다.

앞에서 말했던 '하카타소금 제2대 성우 오디션', 〈아리요시의 여름휴가〉 등을 포함해 제 기획의 상당수는 가제가 그대로 정식 제목이 됐습니다. 이 책을 쓸 때도 책의 제목과 본문 장제목, 소제목을 먼저 정한 후에 글을 썼습니다. 글을 쓰다 보면 내용이 실제로 제목을 따라갑니다. 결과적으로 내용이 가제와 일치하니 그대로 제목이 정해집니다. 이렇듯 제목을 먼저 정하면 좋든 나쁘든 기획 내용에 큰 영향을 끼칩니다.

얼핏 기획이 아닌 것 같은 경우에도 제목을 붙이면 마치 기획한 것처럼 보이고 진행도 수월해지곤 합니다. 2011년 동일본 대지진이 일어났을 때, 미군은 지원 작전명에 친구라는 뜻인 일본어 '도모다치'를 써서 친밀감과 적극성을 높였습니다.

예를 들어 '패션 인스타그래머 T를 향한 라멘 마니아 K의 100일 다이어트 대작전!'이나 '과묵한 부장님과 친해지자! 단둘이 3시간 술 마시기 서바이벌'처럼 주변의 친근한 대상을 이용해 제목을 붙이는 시도를 해보기 바랍니다. 이미지가 쉽게 공유되거나, 소속감이 높아지고 더 즐거운 기획으로 보일 수 있는 분위기가 형성될 겁니다.

기획에 정답은 없다

기획에는 정답이 있는 경우와 없는 경우가 있습니다. 사실 정답이 없는 경우가 압도적으로 많습니다. 기획을 보고 "흠…. 나쁘지는 않은데 내가 말한 건 이런 게 아니야"라고 반응하는 상사가 꼭 있다고 앞에서 이야기했습니다. 정작 기획을 지시했고 결정할 본인도 정답을 모른다는 뜻입니다.

일반적인 비즈니스에서는 어느 한쪽이나 양쪽이 서로의 답을 가지고 계획을 살피고 조정하는 방식이 대부분입니다. 하지만 기획에서는 정답과 이미지가 존재하지 않는 상태에서 일이 시작됩니다. "흠…. 나쁘지는 않은데 내가 말한 건 이런 게 아니야"라는 소리를 들으면 당연히 화도 나고 기운이 빠집니다.

이상형으로 "착하기만 하면 돼"라고 말한 사람이 있습니다. 정말 착하기만 하면 된다고 하니 구체적으로 물어봅시다. "진짜 착한데 백수면?", "진짜진짜 착한데 하루에 담배를 두 갑씩 피우면?", "정말 진짜진짜 착한데 도박 중독이면?" 죄다 "안 돼!"라는 답이 나올 겁니다. 자신의 이상형에 대해 자세히 생각해본 적이 없어 일어나는 현상입니다.

기획에서도 마찬가지입니다. 대부분의 경우 결정권자는 기획의 이미지를 구체적으로 생각해본 적이 없습니다. 설령 지시할 때 '이러이러한 느낌'이라 말했어도 실제 생각했던 이미지와 다를 경우가 많습니다.

이럴 경우, 상대에게 최대한 이미지를 구체적으로 제시하고 선택을 유도해서 방향을 빨리 정해야 합니다. 정답이 없다 해도 선택은 할 수 있기 때문입니다. "일단 A안은 아니고", "셋 중에선 B안이 그래도 가까운데?"라는 식으로 결정권자가 방향을 빠르게 정할 수 있도록 해야 합니다. 이렇게 무한한 가능성에서 방향을 찾는 작업이 바로 기획입니다.

시간 끌지 마라

"이 기획 좋네요! 갑시다!"라고 분위기가 고조됐는데 클라이언트와 연락이 갑자기 끊깁니다. 그러다 몇 달 후에 갑자기 "전에 그 안 진행하고 싶은데요"라고 연락이 오는 일이 꽤 있습니다. 클라이언트가 실제로 매우 바빴을 수도 있고, 그동안 다른 기획들을 검토했을지도 모릅니다.

기획에서는 분위기가 좋을 때 바로 형태를 잡거나, 작은 작업이라도 시작해야 합니다. 그때를 놓치면 다른 기획이나 일상 업무에 밀려서 순식간에 가치가 사라져버립니다. 분위기가 식은 후에 기획을 진행하려 하면 결정권자들은 "아, 그때 내가 그랬어?" 정도로 미지근하게 반응합니다. 그렇게 그 기획은 묻혀버리고 맙니다.

"이 기획 좋네요! 갑시다!"는 바로 그 순간의 반응입니다. 앞에서 말했듯 기획에서 '지금'이란 개념은 매우 중요합니다. 사람들이 좋다고 말한 때를 놓치면 기획은 통과도 안 되고 성공하지도 못합니다. 비유하자면 기획은 '썩기 쉬워 빨리 먹어야 하는 음식'입니다. 신선할 때 손님 앞에 내놓아야 하는 것까지 닮았습니다.

어렵사리 통과된 기획이 흐지부지되는 경우는 실제로도 매우 흔합니다. 그런데 흐지부지된 내 기획을 다른 사람이 살짝 바꿔서 성공한다면 얼마나 짜증이 날까요? 좀 더 빨리 실행했다면 그 성공은 내 것이었을 텐데 말이죠. 내가 놓친 기획에서 얻을 수 있었던 이익은 무한대입니다.

차별화에 집착하지 마라

저는 기획이 떠오르면 인터넷에서 어감을 바꿔가며 여러 단어로 검색해봅니다. 물론 비슷한 기획이 있는지 조사하기 위함입니다. 그런데 많은 기획자들이 아이디어나 소재를 찾으려고 인터넷 검색을 하지만, 자신이 떠올린 기획에 대해서는 검색하지 않는 경우가 많습니다. 제가 떠오른 기획을 검색하는 이유는 이미 비슷한 게 있으면 그만두기 위해서가 아닙니다. 비슷한 기획과 어떻게 경쟁하면 좋을지에 대한 실마리를 얻을 수 있기 때문입니다.

자신의 기획과 비슷하거나 경쟁이 될 만한 기획이 있다는 것은 '나와 같은 생각을 한 사람이 있다'는 뜻입니다. 또한 니즈가 존재한다는 증거입니다. 비슷한 기획이 있었는지를 몰랐던 이유는 두 가지입니다. 그 기획이 뜨지 않았거나, 내가 게을렀거나 둘 중 하나입니다. 기획이 뜨지 않았다면 때를 잘못 만났든지, 그만큼 별로였든지, 실행이 잘못됐든지 등의 이유가 있을 것입니다. 이러한 이유를 파악하고 경쟁의 실마리로 삼아 기획을 진행합니다.

다만 이미 잘나가는 비슷한 기획이 있었는데 나만 몰랐다면, 확실한 비교우위가 없는 한 그 기획은 포기해도 괜찮습니다. '쓸

데없이 힘 빼지 않고 접었으니 오히려 다행이야'라고 생각하면 됩니다.

기획자들은 경쟁 기획과 어떻게든 차별화를 하려는 성향이 있습니다. 하지만 서비스와 콘텐츠의 내용을 억지로 차별화한다고 가치가 올라가진 않습니다. 같은 내용이라도 표현과 전달만 바꿔도 전혀 다른 기획처럼 느껴지고 오히려 성공 요소가 되기도 합니다. 좋은 기획임에도 표현과 전달 방법이 나빠서 성공하지 못한 경우가 실제로도 많습니다.

특히 B2C 서비스와 콘텐츠라면 더더욱 '대중에게 전달될 때까지', '대중의 머릿속에서 이미지가 떠오를 때까지', '실제로 사거나 쓸 때까지'를 기획의 범위로 설정해야 합니다.

남의 생각을 떠봐라

발표할 내용이 있을 때, 의도적으로 정보를 먼저 흘려 여론을 떠보는 경우가 많습니다. '발롱 데세Ballon d'essai'라고도 하는데, 프랑스어로 관측기구를 뜻합니다. 정식 발표 뒤에는 여론의 반발을 좀처럼 뒤집을 수 없지만, 발표 전이라면 반발을 미리 피할 수 있어 유용합니다. 회사에서도 인사이동 발표 전에 "영업부장이 이번에 이사 승진한다던데?"라는 식의 소문을 내고 거래처와 사원의 반응을 볼 때가 있습니다. 관계자끼리만 인사를 논의하면 여론과 사원의 반응을 예측할 수 없으니 나름 효과적인 방법입니다.

기획에도 '떠보기'가 있습니다. 드라마나 만화 기획에서 SNS 등에 먼저 티저나 하이라이트 영상을 띄우고 여론을 살피는 식입니다. 반응이 좋거나 크면 기획대로 제작하거나 추후 연장을 고려하고, 반응이 나쁘거나 적다면 적절한 시기에 접어 리스크를 낮출 수 있습니다.

기획에서 떠보기가 효과적인 이유는 시간에 대한 대중의 인식이 달라졌기 때문입니다. 옛날에야 콘텐츠가 재미없어도 '이따가 재미있는 장면이 나오겠지'라거나 '지금까지 본 게 아까우니 끝까지 봐야겠다'라며 참고 봤습니다. 그러나 요즘 대중은 콘텐츠에서 재미없는 낌새를 느끼면 더는 보지 않습니다. 현대인은 콘텐츠를 볼 때 '내 시간을 쓸 만한 가치가 있는지'를 자세히 살핍니다. 그리고 콘텐츠와 시간의 소비 사이 균형을 진지하게 따집니다. '콘텐츠는 당연히 공짜'라는 생각을 넘어 '내가 시간을 써주니 오히려 돈을 받아야 해'라고 생각하는 사람도 많아졌습니다.

현대인이 이렇게 콘텐츠에 대해 엄격해진 원인은 콘텐츠 수가 엄청나게 많아졌기 때문이기도 하지만 콘텐츠에 '낚였던' 경험이 컸기 때문입니다. 현대인은 '콘텐츠에 낚이고 싶지 않다'는 마음이 매우 강합니다. '기사 제목이 재미있어 클릭했더니 결론은 광고였다', '정작 본편을 보니 예고편 내용이 전부더라', '용두사미 그 자체', '편집으로 장난친다'는 식으로 속다 보니 더는 안 속는다며 의심이 커졌기 때문입니다.

그래서 여론을 떠볼 땐 "결과에 영향을 주지 않은 장면들은 편집했습니다"라는 식으로 솔직하게 접근하는 방법이 더 신뢰를 얻을 수도 있습니다. 예전에는 진짜 하이라이트를 당연히 숨겨두었습니다. 이는 대중이 자연히 하이라이트가 나올 때까지 기다릴 거라는 공식이 성립하던 때나 통하던 이야기입니다. 낚였다는 소리가 안 나오게끔 미리미리 알려주는 것이 요즘 커뮤니케이션입니다.

대규모 기획뿐만 아니라 개인 차원의 가벼운 기획에도 떠보기는 효과적입니다. 뭔가 하고 싶은 일이 있다면 "이런 거 할 거야"라고 주위 사람에게 알려봅시다. 아무리 좋은 아이디어라 해도 혼자 품고 있으면 아무 소용없습니다. 누군가에게 알려야 좋다고 반응하는 동료가 모이고, 이런 반응에 용기가 생깁니다. 그렇게 기획이 진행됩니다.

설령 좋은 반응이 나오지 않아도 괜찮습니다. 그럴 땐 다른 기획으로 떠보면 됩니다. 이런 식으로 다른 사람에게 계속 말하다 보면 '이젠 입으로만 말고 진짜 해야겠어'라는 나름의 책임감이 싹틉니다. 그렇게 '언젠가 할 수 있으면 좋겠다'는 막연한 소망이 '어떻게 되든 해보자'는 결의로 바뀝니다.

남들보다 먼저 대비하라

기획의 진행에선 항상 문제가 생기기 마련입니다. 어떤 문제에도 굴하지 않는 강한 의지도 물론 중요하지만, 문제를 미리 피해서 불필요한 고생을 하지 않는 것이 최선입니다. 즉, 기획의 진행에서는 잠재적 문제 요소를 미리 없애는 대비가 중요합니다.

예를 들면, 수시로 업무를 깜빡하는 팀원이 있다면 매일 오전에 점검 시간을 갖거나, 예산 잔액이 아슬아슬하다 싶으면 예정 지출을 점검해 줄이는 등 여러 방면에서 대비가 가능합니다. 이런 자세는 기획 진행은 물론이고 다른 경우에도 도움이 됩니다. 어떤 변수가 있어도 일을 척척 진행하는 사람을 보면 '저 사람, 일 처리 정말 능숙하네'라는 생각이 듭니다. 남들은 곤란해하는데 자신만만한 표정으로 "이런 상황은 익숙하죠"라고 대처하는 사람을 보면 '경험 참 풍부하네'라고 감탄이 나옵니다. 하지만 이는 능숙함도 경험도 아닙니다. 남들보다 먼저 대비했을 뿐입니다.

대비하지 않은 바람에 경험이 많고 능숙한 사람이 허둥대는 경우도 많습니다.

즉, 내가 남의 입장과 상황이라면 분명 실수하거나 놓칠 만한 것이 바로 기획의 걸림돌이자 잠재적 문제 요소입니다. 이를 제거하는 데 남들보다 미리 주의를 기울여 대비하면, 작업 단계도 줄어들고 진행이 편해집니다.

졸릴 땐 자라

따로 항목을 만들 만한 내용인가 싶어 뺄까 했지만 남겼습니다. 분명 중요한 내용이거든요. 뭔가 기획한다고 하면 왠지 밤늦게까지 책상 앞에 앉아 작업하는 모습이 떠오릅니다. 물론 저도 일정 때문에 늦은 밤까지 계속해서 회의와 작업을 한 적도 있습니다. 하지만 기획 진행에서 잠은 대단히 중요합니다. 잠 부족으로 생기는 능률 저하는 생각하는 작업인 기획에 최악입니다. 몸은 몸대로 피곤하고 기획도 진행되지 않습니다. 졸릴 때 나온 기획은 결정권자도 졸리게 합니다.

우리가 잠을 잘 때 뇌는 기억을 정리합니다. 정리가 돼야 자연스럽게 기억끼리 새로운 연결이 생깁니다. 애써서 뇌에 넣은 정보도 정리하지 않으면 좀처럼 연결되지 않습니다. 《브레인 드라이브》에 따르면, 사람이 잠에서 깨면 뇌는 바로 각성하지 않고 서서히 깬 상태로 옮겨갑니다. 사람이 잘 때의 뇌 기능은 평소와 다르기에, 평소와 다른 연결이 생길 가능성이 크다고 합니다.

물론 밤새워 회의하고 아침에 정리된 기획서를 보면 해방감과 만족감은 이루 말할 수 없습니다. 하지만 다음 날 아침에 다시 검토해보세요. 기획이라 부를 수 없는 수준일 때가 많아 아찔해집니다. 한밤중에 진행된 기획에 큰 기대를 하지 말고 "아침에 맑은 정신으로 읽어보고 괜찮으면 그때 기뻐합시다!"라 말하고 집에 가서 잠을 잡시다.

지금까지 기획의 진행에서 주의할 점과 대처법에 대해 말했습니다. 기획을 세상에 내놓고 실현하는 건 정말 귀찮은 일이라고 느낀 분도 계실지 모릅니다. 기획을 실현할 때 잊지 말아야 할 점은 '문제가 없는 게 진짜 문제'라는 전제에서 기획을 생각하는 것입니다. 그만큼 기획이 실현되는 것은 자연스럽고 당연한 일이 아닙니다.

기획이 실현되는 시점은 기획서가 조직의 승인을 받은 때라고 많은 사람들이 착각합니다. 하지만 이런 마음가짐으로는 예상치 못한 문제를 만나면 쉽게 좌절해버립니다. 저 또한 기획이 처음 생각대로 이어진 경험은 단 한 번도 없었습니다. 예산까지 정하고 진행했는데 전혀 다른 기획으로 변하거나 도중에 엎어지는 경우가 절반입니다.

기획에서 예상하지 못했던 문제가 일어나는 건 아주 당연합니다. '문제가 없는 게 진짜 문제'라는 마음가짐을 가지면 '자, 이제부터가 진짜 시작이야'라는 담담한 마음으로 문제를 해결할 수 있습니다.

내놓은 다음에는?
에고서핑과 분석

이번에는 기획을 세상에 내놓은 다음 해야 할 일을 살펴보겠습니다. 기획을 세상에 내놓으면 사람들이 어떻게 반응할지 궁금합니다. SNS 등에서 자신의 평판을 확인해보는 이른바 '에고서핑Egosurfing'을 하는 사람이 많을 것입니다. 기획에서 에고서핑이 필요한 이유는 평판을 통해 해당 기획을 개선하거나 다음 기획에 활용할 정보를 얻을 수 있기 때문입니다. 그리고 이유가 하나 더 있습니다. 에고서핑이야말로 이 시대의 사고 확산 방식이기 때문입니다.

인터넷이 대중화되기 이전엔 기획자는 우편이나 전화 등으로 기획에 대한 반응을 알 수 있었습니다. 하지만 이 반응은 '특정 유저만의 감상'입니다. 이제는 인터넷으로 상품이나 서비스에 대한 반응과 평판을 회사뿐 아니라 유저, 대중까지 모두 볼 수 있습니다.

사람들의 다양한 생각은 시간이 흐르면서 자연스럽게 다수의 의견을 따라가는 경향을 보입니다. 자신의 생각을 말할 때 '남들은 어떻게 생각할까?'라며 남을 의식하는 게 사람이기 때문입니다. 이러한 '생각의 소용돌이'는 직접 살펴보지 않으면 그 흐름을 알 수 없습니다. 에고서핑은 생각의 소용돌이로 직접 들어가 반응을 살피는 방법입니다.

생각의 소용돌이가 흐르는 방향을 정확하게 읽을 수 있는 이는 기획자뿐입니다. 예를 들어 '여기에 사람들이 반응했으면 좋겠다'는 기획의 목적을 유저나 대중이 어떻게 알아차리는지, 기획의 목적을 알아차린 사람에 대해 그들의 주위에서 어떤 반응을 보이는지, 반응이 전파되는 시간이나 범위 등은 기획자가 아니면 제대로 해석할 수 없습니다. 또한 어떻게 얼리어답터의 반응을 유도하는지에 관한 많은 내용도 배울 수 있습니다.

오늘날 유행과 여론은 SNS의 다양한 소용돌이에서 발생합니다. 그 소용돌이의 중심에서 흐름을 느끼는 것은 기획을 세상에 내놓은 기획자의 특권입니다. 특권을 쓰지 않으면 손해입니다.

저도 에고서핑을 자주 합니다. 거짓말 약간 보태서 에고서핑을 위해 기획을 한다 해도 지나치지 않습니다. 기획 자체보다 기획에 대한 반응을 확인하는 쪽을 좋아하는 것 같습니다. 기획이란 세상에 내놓아야 의미가 있지만, 무엇보다 세상의 반응이 있으면 더욱 일할 맛이 나기 때문입니다. 기획 일이 천직까지는 아니어도 제가 이 일을 계속하는 이유입니다.

다음은 분석입니다. 기획의 성적이 나쁠 때는 굳이 분석하지 않아도 됩니다. 물론 회사에선 실패 원인을 밝히는 보고서를 쓰라고 하죠. 침울한 기분으로 반성문에 가까운 보고서를 내야 합니다. 그러나 나쁜 결과는 빨리 잊어야 합니다. '반성문 보고서'는 제출한 사람, 받은 사람 그 아무도 읽지 않습니다. 실패한 기획에는 더 이상 관심을 주지 않기 때문입니다. 실패했어도 입에 오르내릴 정도의 재미 요소가 있다면 이야기가 다르겠지만 그런 경우는 극소수입니다.

기획의 성공 여부는 그 누구도 정확히 모릅니다. 변수가 아주 많고 운이라는 요소도 다분히 작용합니다. 사실 분석 자체에는 큰 의미가 없습니다. 이 책에서 저도 실패한 기획은 거의 언급하지 않고, 성공한 예만 잘난 척하며 떠들었습니다. 다음 세대로 전해지는 것은 성공한 기획뿐입니다.

그럼 기획의 성적이 좋으면 어떨까요? "좋았어!", "이제 한숨 돌리겠네" 외치고 끝나는 경우가 대부분입니다. 이건 틀렸습니다. 성공한 기획이라면 분석의 의미가 조금은 있습니다. 기획이 성공했다는 것은 '또 성공할 가능성이 크다'는 뜻이니 다음 기획을 위한 실마리를 얻을 수 있습니다.

그럼에도 기본적으로 보면 기획이 성공했든, 실패했든 결과 분석은 큰 의미가 없습니다. 좀 더 강하게 말하면 시간 낭비입니다. 분석하느라 침울해지거나 마음고생을 할 바엔 분석을 건너뛰고 바로 다음 기획을 신경쓰는 게 생산적입니다. 그렇게 계속 꾸준히 많은 기획을 만드세요. 실패를 분석하는 것보다 많은 기획을 내놓는 쪽이 틀림없이 성공합니다.

기획자의 자부심과
자만 사이

    기획 실행에는 반드시 리스크가 따라옵니다. 그러니 기획 실패로 아무도 자신을 비난하지 않아도 "제 기획이 미흡해 죄송합니다"라고 말할 수 있어야 합니다. 책임감을 느낀다는 의미도 있지만, 자신의 기획에 대해 자부심을 가지라는 뜻입니다.

    기획은 기획자의 인생에서 만들어지니 기획자 그 자체이기도 합니다. 기획의 시작부터 결과까지 전부 '내 손이 가지 않은 곳이 없다'는 인식이 중요합니다. 이런 자세가 다음 기획으로 이어집니다. 제가 쓴 책이 팔리기 전 저는 '정말로 팔릴까? 나 때문에 출판사가 손해를 보지 않을까?'라며 불안해했습니다. 책이 안 팔리면 사비를 들여서라도 광고를 크게 낼 생각이었습니다. 다행히 책의 반응은 좋았고, 덕분에 이런 경험을 바탕으로 이 책도 나올 수 있었습니다. 저는 타율이 좋은 천재 기획자가 아닙니다. 다만 다른 사람에게 지지 않는 부분이 있다면 바로 기획자로서의 자부심입니다.

같은 이유로, 내 손이 가지 않은 기획과 거리를 두는 것도 중요합니다. 대개 기획은 팀을 이뤄 진행합니다. 당연히 관계자도 많습니다. 대규모 기획이라면 중심 멤버만 수십 명에 달합니다.

방송사에서 일하던 시절, 제 이름으로 제작된 프로그램 가운데 몇 개는 사실 다른 사람의 기획이었습니다. 텔레비전 프로그램 엔딩을 보면 프로듀서, 디렉터, 연출, 제작총괄 등 무슨 일을 하는지 알 듯 말 듯한 직함이 많습니다. 명단의 기획자와 실제 기획자가 다른 경우도 있습니다. 저는 "그 프로그램 담당하시죠?"라든가 "프로그램에서 이름을 봤어요"라는 말을 들었을 때, 반드시 "저는 관리만 하고요. 실무자는 누구누구입니다", "제 이름이 나오긴 했는데 이름만 올라간 거고, 기획은 누구누구가 했습니다"라고 정확히 말합니다.

기획이 성공하면 "그거 말야! 내가 다 했어"라고 주장하는 사람이 나타나기 마련입니다. 사기 치는 것에 가까운, 같은 기획자가 보기에 굉장히 부끄러운 장면입니다. 이런 '사기'가 일어나는 이유는 누가 진짜 실무자인지 확실하지 않기 때문입니다. 누가 진행하는지, 누가 실무자인지 알 수 없는 기획은 성공률이 낮아집니다. 책임 소재가 불분명하고 결정 과정도 잘 보이지 않으니 진행 속도는 떨어지고 구성원의 사기도 저하됩니다. 두말할 필요도 없이 기획과 업무 분위기를 망치는 전형적인 경우입니다.

답이 없으니
기획이다

"우리는 전통적으로 책 만드는 곳이니까!", "그런 시시한 건 방송사에서 할 게 아니야" 등등 역사가 오래된 업계나 베테랑 중에는 고유의 업종이나 전문 분야를 고집하는 사람도 많습니다. 기획할 때는 으레 '주간지 기획', '텔레비전 기획' 등과 같이 첫머리에 미디어를 붙입니다. 기획의 아웃풋 수단이 정해진 상태입니다. 그러나 기획은 가능성이 무한한 상태에서 시작합니다. 아웃풋 수단이 정해진 상태에서 시작한다면 부자연스러운 기획입니다.

제가 방송사 근무 시절 드라마제작센터로 부서를 옮겼을 때 일입니다. 드라마제작센터는 이름 그대로 드라마 제작을 담당합니다. 하지만 제 기획은 드라마용이라기보다 스마트폰 게임, 애니메이션이나 이벤트에 적합한 것뿐이었습니다. 하지만 담당 업무는 당연히 드라마 기획입니다. 고민 끝에 기존 기획을 드라마 기획으로 바꿔봤지만, 그렇게 바꾼 기획은 당연히 드라마로 만들어야 할 필연성이 없으니 통과될 수 없었습니다. 어느덧 드라마에 맞지 않는 억지 기획만 산더미처럼 쌓였다는 사실을 깨달았습니다. 제가 방송사를 그만두고 독립한 이유 중 하나입니다.

기획은 어떤 미디어로 진행하더라도 근본적으로는 같은 작업입니다. 텔레비전, 유튜브, 책과 잡지, 술자리와 여행도 마찬가지입니다. '기획하고, 동료를 모으고, 돈을 모으고, 아웃풋을 내기'가 세상 모든 기획의 과정입니다. 특히 지금은 SNS로 얼마든지 내용을 발신할 수 있습니다. 과거의 기획은 미디어의 힘을 빌리거나, 막대한 예산이 없으면 아웃풋까지 도달할 수 없었습니다. 그래서 '주간지 기획', '텔레비전 기획'처럼 앞머리에 미디어를 붙이는 것이 당연했습니다. 그러나 요즘은 공짜로도 전 세계에 기획을 발신할 수 있습니다. 무료 미디어의 속성도 점점 다양해집니다. 미디어가 기획을 선택하는 것이 아닌, 기획이 미디어를 선택하는 시대입니다.

이 책에서는 주로 비즈니스 분야에서 기획의 사고방식과 대처법, 마음가짐에 대해 말했습니다. 비즈니스에서 기획 일을 하기 위해서는 모두 중요한 내용이지만, 생각보다 자유로운 부분이 덜해 조금 답답하게 느껴졌을 수도 있습니다. 하지만 자유롭게 기획을 시작해 예산을 자연스레 확보하는 일은 거의 일어나지 않습니다.

기획이 잘되지 않는 이유는 얼마든지 있습니다. 하지만 그게 진짜 이유가 아닐 수도 있습니다. 걸림돌을 뛰어넘으려 노력하지 않고 처음부터 걸림돌이 없었던 듯이 추진하는 자기중심적 사고방식이 먹히는 경우도 많습니다. 그런 상황에 필요한 도구도 많아졌고, 사회 분위기도 이와 같은 방식에 많이 관대해졌습니다.

누가 뭐래도 기획의 본질은 자유입니다. 이상론적으로 들릴 수도 있지만, 기획에 어느 정도 자신이 생겼다면 부디 미디어나 예산에 얽매이지 말고 기획 자체에 집중해 일을 진행해봤으면 합니다.

6장

기획에 필요한 리더십

클라이언트나 회사 임원은 기획의 진행 여부를 결정하는 '결정권자'입니다. 기획자에게 흔히 결정권자는 갑이자 물주 혹은 '잘 모르면서 훈수만 두는 사람'으로 보입니다. 하지만 결정권자들에게도 고충이 있습니다. 언젠가 기획자도 결정권자가 되는 날이 옵니다. 그들에 대해 알아봅시다.

결정권자도 기획자다

　지금까지는 기획자의 입장에서 알아야 할 점과 주의할 점을 소개했습니다. 이 책도 그렇고 기획에 관한 책들은 기획자 관점에서 쓴 경우가 대부분입니다. 하지만 기획 결정권자의 역할도 대단히 중요합니다. 이제부터는 결정권자의 관점에서 기획을 살펴보겠습니다.

　결정권자 역시 기획 성공에 중요한 역할을 담당합니다. 결정권자란 부서 상사, 클라이언트, 외부 투자자 등과 같이 기획자가 제안한 기획을 승인 및 결재하는 이들입니다. 자신이 결정권자가 아니면 '이 내용은 나와 상관없다'고 느낄 수 있습니다. 하지만 자신이 결정권자가 아니더라도 알아야 할 내용입니다. 그들의 심리와 권한을 알고 있으면 기획 통과에 큰 도움이 되기 때문입니다.

저는 기획자로도 일했고 결정권자로도 일했습니다. 방송사에서 일할 때는 프로그램 기획과 사내 제작부서 및 외주제작사의 기획을 평가했고, 이를 다시 상사에게 프레젠테이션하기도 했습니다. 또한 지금 기획자로서 다양한 기업과 지자체에 기획안을 제안하고, 다양한 크리에이터의 기획도 평가합니다.

제가 하고 싶은 말은 기획자와 결정권자는 대립하는 관계가 아니라는 것입니다. 결정권자는 기획자에게 돈을 내거나 승인하는 입장인 경우가 많습니다. 하지만 승인 뒤에 기획자와 결정권자는 공범자 혹은 파트너가 됩니다.

기획이란 기획자와 결정권자의 공동작업입니다. 자신이 결정권자라면 '난 돈만 내면 되니까', '승인했으니 실무에서 알아서 할 거야'라는 식으로 수동적으로 있어서는 안 됩니다. '기획자에게서 최대한의 결과를 끌어내자'는 자세로 임해야 합니다. 아주 유명한 기획자에게 의뢰하는 것보다 이런 자세가 기획의 성공률을 높입니다.

지겹도록
목적을 공유하자

　기획 검토에서 결정권자가 가장 먼저 할 일은 목적을 기획자와 공유하는 것입니다. 후배나 팀원에게 일을 가르치는 장면을 떠올려보세요. 사전에 목적을 잘 전달하면 진행이 순조롭다는 것은 잘 알고 계실 겁니다. 예를 들어 신입사원에게 업무를 알려주면서 빠르고 정확하게 일하는 방법만 전달하기보다, 일의 목적과 역할도 함께 알려주면 자신이 맡은 일을 올바른 관점에서 확인할 수 있으므로 실수가 줄어듭니다.

　기획에서도 마찬가지입니다. 목적을 공유하면 수정하는 수고를 줄이면서 기획을 순조롭게 실현할 수 있습니다. 목적이라 하니 '매출 상승'이라든가 '브랜드 이미지 향상' 등을 생각하기 쉽

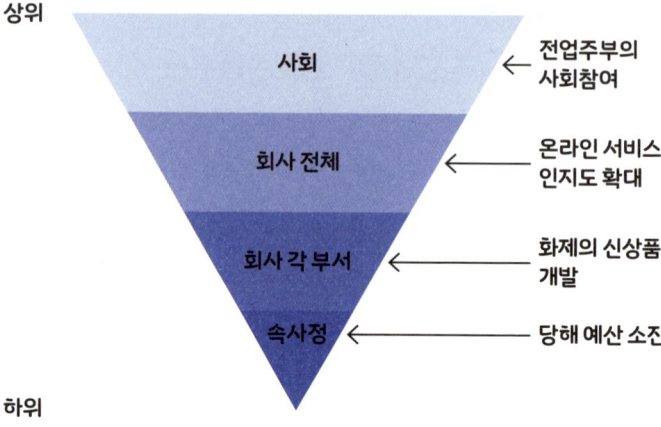

습니다. 이런 목적은 대개는 공유가 잘됩니다. 중요한 것은 '단계별 목적도 공유하는가?'입니다.

예를 들어 '화제의 신상품 개발'이란 목적이 있습니다. 이 목적이야 당연히 공유하지만 '왜 이 목적을 달성하고 싶은가?' 등의 상위 단계 목적을 기획자와 결정권자가 서로 공유하지 않는 경우가 많습니다. 심지어 결정권자 자신조차 잘 모르는 경우도 있습니다.

화제의 신상품 개발이라 해도 '회사 온라인 서비스 인지도 확대', '오프라인 매장의 매출 유지' 등 상위 목적에 따라 기획의 방향성이 달라집니다. 이렇듯 상위 목적을 공유하지 않으면, 원하는 것과 다른 기획이 나옵니다. 임원 최종 승인을 앞둔 단계에서 중간관리자가 기획안을 검토하다 "뭐야! 갑자기 왜 딴소리해?"라며 상위 목적과의 간극을 뒤늦게 알아차릴 때도 있습니다.

하위 목적이 공유되지 않은 경우에도 마찬가지 문제가 생깁니다. 기획 목적이 '회사의 이미지 향상'이라 해놓고 매출이 오르지 않았다며 불만스러워하는 경우가 있습니다. 기획자에게 하위 목적을 전달하지 않아 생기는 일입니다. 하위 목적을 기획자와 공유하지 않으니 "이게 아닌 것 같은데…", "기대한 것과 결과가 다르잖아요" 등의 반응이 나옵니다. 만약 '올해 예산 소진', '보고용' 등과 같이 뭔가 떳떳하지 못한 목적이라면 공유하기 민망할 수도 있습니다. 그럼에도 솔직한 공유가 목적 달성의 지름길입니다.

물론 아주 우수한 기획자라면 숨은 목적을 선제적으로 헤아려 기획을 세우겠지만, 모든 단계의 목적을 공유하는 것이 기획의 기본 원칙입니다.

지겹도록
묻고 답하자

기획을 검토할 때 기획의 이미지가 머릿속에 구체적으로 떠오를 때까지 결정권자는 기획자에게 계속 질문을 해야 합니다. 예를 들어 '라멘 마니아들의 라멘 참기 선수권 대회' 기획이라면 "몇 명으로 며칠간 진행하나요?", "각자 집에서 하나요? 아니면 합숙하나요?", "체급 기준이 있나요?", "진행자는 응원 캐릭터인가요? 포기 유발 캐릭터인가요?" 등과 같이 이미지가 떠오르지 않는다고 느낀 부분을 질문으로 철저히 확인하는 것이 좋습니다.

다음으로 기획자의 의도를 확인합니다. 다시 말해 기획자가 근거 있는 목적을 가지고 기획했는지를 확인하는 겁니다. "이 매체를 선택한 이유는 뭐죠?", "타깃을 이렇게 뽑은 이유는요?",

"그 타깃이 왜 이걸 좋아할 거라 생각했죠?"라는 식으로 계속 질문합니다.

이렇게 계속 묻다 보면 기획자가 기획의 목적을 얼마나 구체적으로 파악했는지, 어떤 논리로 달성하려 하는지 분명히 보입니다. 기획의 모든 요소가 목적을 달성하기 위해 근거를 바탕으로 잘 설계됐다면 문제가 없습니다. 그리고 자신의 기획에 자신감이 있다면 거듭된 질문에 기획자는 거침없이 대답합니다. 우물쭈물하거나 중언부언하는 기획자에게는 애당초 일을 맡기지 않는 게 좋습니다.

이 방법은 기획에서 적절하지 않은 이질감을 느꼈을 때도 효과적입니다. 예를 들어 기획안을 받고 '이 부분은 이렇게 하는 편이 더 좋지 않을까?'라는 느낌이 들 때입니다. 하지만 기획 수정은 어디까지나 기획자가 하는 게 맞습니다. 다른 사람이 기획을 바꿔버리면 책임의 소재가 불분명해지고 실패의 원인도 찾기 힘들어지기 때문입니다. 따라서 기획에 이질감이 느껴진다면 "이 부분은 이렇게 하는 편이 더 좋겠어요"라며 기획을 바꾸려 하지 말고 "그런데 이 부분은 왜 이렇게 했죠?"라고 의도를 묻는 것이 가장 합리적입니다.

그렇게 의도를 들으니 결정권자가 생각한 것보다 더 넓은 시야에서 만들어진 기획일 수도 있습니다. 또는 기획자가 목적과 전제를 잘못 이해했을지도 모릅니다. 제 경험으로도 기획자에게 목적이 제대로 전달되지 않아 이질감을 느낄 때가 많았습니다. 아예 전달되지 않은 목적이 있기도 했고, 전달됐지만 설명이 부족한 경우도 있었습니다. 예를 들어 '매출 상승'이 목적이라 해도 얼마나, 누구에게, 언제 팔고 싶은지 등에서 세세한 차이가 있기 마련입니다. 그래서 결정권자는 기획자가 얼마나 구체적으로 목적을 파악했는지, 목적을 기획에 잘 반영했는지를 확인해야 합니다. 그래야 나중에 일이 편해집니다.

참고로 기획의 검토 후 최종 승인을 할 때는 자신이 좋아하는 기획을 고르는 것을 추천합니다.

결정권자의 의욕에 따라서도 기획의 성공률이 달라집니다. 기획이란 게 논리를 강화하면 실패율을 낮출 수는 있지만 반드시 성공을 보장하진 않습니다. 역으로 개인의 기호를 기준으로 선택한다고 합리성이 떨어지는 것은 아닙니다. 예를 들면 주식 투자에서 '좋아하는 브랜드의 주식을 사라'는 말과도 비슷합니다. 기획의 승인도 어찌 보면 투자니까요.

기획을 승인한다는 것은 자신의 명운을 그 기획에 맡긴다는 의미입니다. 성공하면 실적이 되지만 실패의 책임을 져야 할 때도 있습니다. 결정권자가 기획자에게 거듭 목적과 신념을 확인하는 것은 그 기획에 대해 자신도 책임질지를 판단하고 있다는 뜻입니다. 기획을 통과시킨 시점에 결정권자는 기획의 공범자가 되니까요.

거절의 메시지는 단호하게

기획자에게 기획은 열정과 사고를 쏟아부은 대상입니다. 반면에 결정권자에겐 수많은 기획 중 하나일 뿐입니다. 아무리 열정을 쏟아부어도 대부분의 기획과 기획자는 거절의 답을 들을 수밖에 없습니다.

거절의 답을 듣는 것이 기획의 일상인 만큼 거절의 의사를 전할 때도 예의가 필요합니다. 기획자를 함부로 대하는 것은 매우 현명하지 않습니다. 물론 무능한 기획자에게 잘 보일 필요는 없겠지만 굳이 나중에 도움을 받을 가능성까지 없앨 필요도 없습니다. 그렇다면 기획을 '잘' 거절하는 방법은 무엇일까요?

먼저, 거절의 이유를 분명하게 전달해야 합니다. 특히 이유가 논리적인지 주관적인지 꼭 알려주는 게 좋습니다. 거절의 이유가 논리로 설명 가능하다면 '목적과 맞지 않아서', '오리엔테이션에서 전달한 내용과 어긋나서' 등과 같이 짧고 명확히 전달하는 게 좋습니다. 다만 주관적인 이유로 거절할 때는 조심하세요. 정말 '끌리지 않아서' 거절할 때도 있는데 이럴 때 억지로 논리적 이유를 갖다 붙이려 하면 역효과가 납니다.

목적과 전제는 기획을 의뢰하는 시점에서 이미 공유했으니, 거절당한 기획자는 '왜 처음부터 저 말을 안 했지?', '처음과 말이 다르네?'라고 오히려 불신을 품게 됩니다. 사실 개인의 주관은 기획을 판단하는 기준 가운데 하나입니다. 주관적 이유로 기획을 거절해야 한다면 "논리적으로는 문제가 없지만요", "제 생각과는 안 맞아요"라는 식으로 주관적인 판단임을 명확히 알리는 것이 좋습니다. 억지로 논리를 붙여 거절했다간 '그 부분을 수정해서 다시 달라'는 의미로 받아들여질 수도 있습니다.

괜한 여지를 남기지 않는 것은 기획의 거절에서 중요합니다. 나중에 다시 일하고 싶은 기획자에게 거절을 전해야 한다면, 단점을 지적하되 장점도 칭찬해 나중에 다시 기획을 내도록 하는 것이 좋습니다.

하지만 그렇지 않은 기획자에겐 '당신은 우리와 맞지 않음'을 전달합시다. 상대방이 공연히 시간을 낭비하지 않도록 배려하는 것입니다. 거절할 때 먼저 장점을 칭찬하는 것이 예의라 생각하는 사람이 매우 많습니다. 하지만 '나한테 아직 기회가 있나?'라는 착각만 불러일으킬 뿐입니다.

재미있는 기획,
재미있어하는 기획

 기획안을 검토하거나 평가 및 감상을 나눌 때 '재미있다', '재미없다'는 표현을 자주 씁니다. 적당히 평가하기에 편리한 말이니 무심코 쓰곤 합니다. 하지만 기획자와의 커뮤니케이션에서는 결코 좋은 표현이 아닙니다.

 참고로 저는 '이 기획은 재미있으니까 성공할 거야'라고 생각한 적은 한 번도 없습니다. 그런데 '재미있어하지 않으면 성공하지 못한다'는 말도 있습니다. 차이가 느껴지나요? '재미있다'와 '재미있어하다'는 뜻이 전혀 다릅니다. 재미있는지 없는지를 판단하는 주체는 어디까지나 소비자와 유저입니다. 기획자와 결정권자가 아니에요.

사람들은 기획의 '호불호'를 재미가 있는지 없는지로 돌려 말하는 경우가 많습니다. 호불호에는 논리적 이유가 없지만, 기획에선 호불호도 엄연히 존중해야 합니다. 하지만 호불호로 기획을 검토했다면 기획자에게 "재미없다"고 돌려 말하지 말고, 개인적 감정을 기준으로 판단했음을 정확히 알려야 합니다. 즉, "이번 안은 재미없으니까 그만두죠", "저는 재미있다고 생각했는데 왜 통과가 안 됐나요?"라는 식의 반응은 기획에 대해 제대로 생각하지 않았다는 뜻에 가깝습니다.

이렇게 말하면 뭔가 팍팍하다고 생각할 수도 있습니다. 그러나 기획에서 명확한 사고를 위해 가져야 하는 중요한 인식입니다. 그만큼 우리는 '재미있다', '재미없다'는 표현을 기획에서 너무나 편리하게 씁니다. 여기서 '편리'는 뜻이 명확하지 않아 어디서든 쓰기 좋다는 겁니다. '재미있다', '재미없다'는 표현을 머릿속에서 지우고 기획을 판단해보세요. 기획에 대한 자신의 판단이 논리적인지 호불호인지가 확실해지고, 기획에 대한 이해도도 올라갑니다.

'전에 했던 기획'이라 안 된다?

기획을 거절할 때 '비슷한 걸 전에 했으니까', '다른 곳에 이미 있으니까'라고 말하는 경우가 있습니다. 이는 기획에서 절대 해선 안 되는 말입니다. 스스로 기획의 가능성을 없애버리기 때문입니다. 무능한 결정권자와 클라이언트일수록 과거의 유사한 기획과 비교하려고 합니다. 물론 그 비교는 의미 없는 행동입니다.

같은 내용이라도 기획자가 다르면 기획은 전혀 달라집니다. 클래식과 오페라를 생각하면 이해가 쉽습니다. 클래식은 같은 곡이라도 지휘자와 연주자가 누구냐에 따라 들을 때 차이가 큽니다. 클래식 공연 때 어떤 교향악단인지를 꼭 밝히는 이유입니다. 유명 오페라나 뮤지컬도 극단마다 같은 이야기를 각기 다른 배역과 해석으로 제작합니다. 당연히 누가 출연하고 연출하느냐에 따라 이야기가 달라집니다. 그래서인지 클래식이나 오페라 애호가들은 같은 이야기나 곡을 여러 버전으로 즐깁니다. 지휘자와 악단, 나아가 공연장과 타이밍 등에서 오는 차이 자체가 재미이기 때문입니다. 심지어 어떤 버전이 가장 좋다며 토론을 벌이기도 합니다.

앞서 4장에선 기획에서의 '바꾸기' 팁을 소개했습니다. 기획 역시 같은 내용이라도 기획자가 바뀌면 새로운 기획입니다. 과거에 비슷한 기획이 있었다고 실패하진 않습니다. 오히려 비슷한 기획이 있다는 사실을 긍정적으로 받아들일 수 있습니다. 지금까지 없었던 기획보다 사람들이 받아들일 가능성이 크다고 볼 수 있기 때문입니다. 같은 내용이라도 언제 나오냐에 따라 결과가 변하는 게 기획입니다.

'비슷한 걸 전에 했으니까', '다른 곳에 이미 있으니까'라는 이유만으로 기획을 거절하는 것은 미처 발견하지 못한 가능성마저 없애버리는 일이 될 수 있음을 기억해야 합니다.

기획에도 '케미'가 있다

　머리에 입력된 정보가 없다면 기획은 불가능합니다. 결정권자나 클라이언트 역시 머리를 정보로 채우지 않으면 기획의 성공률이 떨어집니다. 한마디로 뭔가를 '알아야' 판단할 수 있습니다.

　영업부 A는 '거래처 신상품 판매 촉진안'에서 30대 여성을 타깃으로 요리 인스타그래머 S를 기용하기로 했습니다. 그런데 S는 정작 20대에게 인기가 있고, 30대 여성에게는 오히려 방송인 U의 인기가 좋다는 정보도 있었습니다. 그렇다면 A에게 "왜 U가 아니라 S를 선택했죠?"라고 파고들어 기획의 부족한 점을 보완할 수 있습니다.

　기획을 승인하는 위치에 있다면 해당 기획이 목적에 부합하는지 판단할 수 있는 수준의 배경지식이나 정보는 가지고 있어야 합니다. 이토록 당연한 이야기를 쓴 이유는 그렇지 않은 경우가 꽤 있기 때문입니다.

또 알아야 할 것이 있습니다. 바로 기획과 기획자 사이에 '케미'가 있다는 것입니다. 기획자마다 특히 잘하거나 좋아하는 분야가 있습니다. 그렇기에 결정권자나 클라이언트가 의뢰할 기획에 어떤 기획자가 맞을지 알면 자연히 기획의 성공률도 올라갑니다.

기획자와 기획의 케미가 좋은지 알려면 먼저 기획자의 특징을 파악해야 합니다. 특징이란 다르게 말하면 '딱 누구누구 같다', '누구누구답다'라는 이미지입니다. 기획자의 이런 이미지를 잘 파악하면 자신이 의뢰할 기획과 맞는지를 미리 알 수 있습니다. 화제가 됐거나 자신이 관심을 가졌던 기획을 누가 했는지 역으로 확인하는 방법도 좋습니다. 만약 같은 업계에 있거나, 관계자를 알고 있다면 "이거 누가 했는지 아세요?"라고 물어보는 것이 가장 좋습니다. 공개된 정보에 정작 실무자 이름이 빠진 경우도 의외로 많기 때문입니다. 실무자 혹은 중심 기획자의 이름을 확인해야 하는 게 포인트입니다.

기획안을 많이 보다 보면 '제목만 봐도 누구 기획이네!'와 같이 기획자의 특징을 알아차릴 수 있습니다. 이렇게 기획자들의 강점을 많이 알고 있다면 '이번 기획에는 저번 그 사람이 적당하지'라는 식으로 기획과 잘 맞는 기획자를 데려올 수 있습니다. 그만큼 안심하고 실무를 맡길 수 있고, 결정권자와 클라이언트와의 조정도 쉬워져 더 좋은 결과를 빠르게 얻을 수 있습니다.

기획자의 의지를
불태우는 법

　기획자가 '이건 누가 시켜서 하는 기획'이라는 자세로 일한다면 기획의 성공률은 떨어질 수밖에 없습니다. 시킨 것까지만 욕 안 먹을 정도로 한다는 자세로 일하기 때문입니다. 하지만 정말 밀어붙이고 싶은 기획이라면 '휴일에 일해서라도 완성해야지'라고 의지를 불태울 겁니다.

　그렇다고 기획자에게 열정과 의지를 가지라고 다그치란 뜻이 아닙니다. 기획자를 일하고 싶게 만들어야 기획의 효율이 올라간다는 이야기입니다. 제조업에서는 사원이나 협력업체를 능동적으로 일하게 하면 생산성이 높아지고, 이는 수치로 드러납니다. 하지만 기획은 제조업처럼 공정마다 효율을 계산하기 어렵고, 구성원이 얼마나 열심히 일하는지 파악하기 어렵습니다. 즉, 기획에서는 일을 안 하면서도 얼마든지 일한 척, 고민한 척할 수 있습니다. 반대로 회사 밖에서도 계속 기획에 대해 고민하고 일했다 해도 이걸 보여주기가 어렵습니다. 결국 기획의 성패는 구성원을 자발적으로 움직이게 하는 의욕의 차이에서 갈립니다.

기획 의뢰 단계에서 기획자를 일하고 싶게 만드는 것은 기획의 생산성을 높이는 핵심 기술입니다. 여기에는 두 가지 방법이 있는데, 가장 열심히 하려는 사람에게 맡기는 것과 기획 철학을 잘 설명하는 것입니다. 후자는 어떤 기획자라도 기획을 맡고 싶게 하는 데 효과적입니다.

모든 기획에는 '20~30대 여성층의 매출을 ○% 늘린다', '회사의 인지도를 전년 대비 ○% 높인다' 등과 같은 현실적 목표가 설정됩니다. 기획 철학이란 이보다 넓은 관점에서 만들어진 목표로 이해하면 됩니다. '새롭고 풍요로운 미래 창조' 등의 거대한 것부터 '소비자 생활에 도움과 보탬이 되겠다'는 개인적인 수준까지 그 범위가 다양합니다.

그래서 기획 철학을 정할 때는 상대방이 어떤 내용에 공감할지를 생각하고 공유하는 것이 좋습니다. '지속 가능한 목표'란 식으로 단순히 생각해서는 안 됩니다. 우수한 기획자일수록 일에 사회성을 부여하려 하기 때문입니다. 기획 결과물이 눈에 보이지 않으니 더더욱 사람들이 훌륭하다고 생각하는 목적을 강조하는 경향이 있으니까요.

저도 기획자로 참여할 때 기획 철학에서 의욕을 얻은 경험이 있습니다. 앞에서 소개한 유튜브 채널 〈돈 배움터!〉에서 영상을 기획할 때 이야기입니다. 〈돈 배움터!〉는 투자 회사인 레오스캐피털웍스에서 운영합니다. 이 회사가 〈돈 배움터!〉를 통해 기대하는 수치상 목표도 있었겠지만, 저는 그들이 내세운 기획 철학을 보고 이 회사가 진심으로 좋은 세상을 만들려 하는 것을 느꼈습니다.

레오스캐피털웍스는 투자에 대해 '기업의 내실을 잘 살핀 뒤 장기적 성장이 예상되는 곳에 투자해 기업 성장과 함께 주가가 올라가기를 기대하는 것'이라 정의합니다. 하지만 투자가 무엇인지 잘 모르거나, 그거 투기 아니냐는 등 투자에 대해 막연히 나쁜 이미지가 있는 것도 사실입니다. 그렇기에 유튜브를 통해 투자에 대한 올바른 이해를 넓히고, 투자자를 늘려 좋은 세상을 만들겠다는 것이 〈돈 배움터!〉 기획 철학이라고 합니다.

저 또한 이 이야기를 듣기 전까지는 투자에 그다지 관심이 없었습니다. 하지만 투자의 본래 역할을 알고 기획 철학을 공유함으로써 〈돈 배움터!〉야말로 '지금 내가 해야겠다고 생각하던 일'임을 깨달았습니다. 그뿐 아니라 '더 많은 사람에게 투자가 무엇인지 정확히 알리고, 투자에 관심을 가지는 사람을 늘리고 싶다'라고 주체적이고 능동적으로 생각할 수 있었습니다.

기획이란 결정권자 혹은 클라이언트의 주문을 안전하게 끝내는 직업입니다. 그리고 기획자는 그 최종 성과물에 기쁨을 느낍니다. 훌륭한 기획 철학이 있고 그것에 공감하면 기획자는 결정권자나 클라이언트와 함께 기획의 주체가 될 수 있습니다. 결정권자나 클라이언트의 능력은 기획자에게 주인 의식을 어떻게 심어주는지에서 나옵니다. 우수한 사람과 팀을 움직이기 위해 기획 철학이 필요한 이유입니다.

7장

기획력은 시스템

기획력을 사전에서 찾아보면 "기획하는 능력"으로만 나옵니다. 그래서인지 기획력에 대한 사람들의 정의는 제각각입니다. 제가 생각하는 기획력은 5가지 능력의 합입니다. 바로 정보수용력, 연결력, 다작력, 섭외력, 완결력입니다.

기획력을 만드는
5가지 능력

7장에서는 '기획력을 만들고 키우기 위해 무엇을 어떻게 해야 하는가?'에 대한 제 나름의 답을 정리하겠습니다. 이 질문이 바로 이 책을 쓴 계기이기도 합니다.

저는 기획이란 '어떤 일을 실현하기 위해 필요한 것을 결정하는 것'이라고 앞에서 말했습니다. 기획력이란 '기획하는 능력'이란 말인데, 지금까지 말했듯 기획은 큰 개념이자 결과론적 성격을 가지므로 기획력이란 건 존재하지 않는다고 보는 게 맞습니다. 주변에서 '기획력이 없다'라든지 '기획력이 늘지 않는다'고 이야기하는 것에 이유가 있던 셈입니다. 애초에 존재하지 않으니까요. 기획을 실현할 때까지의 일련의 과정을 떠올리면 더 잘 이해

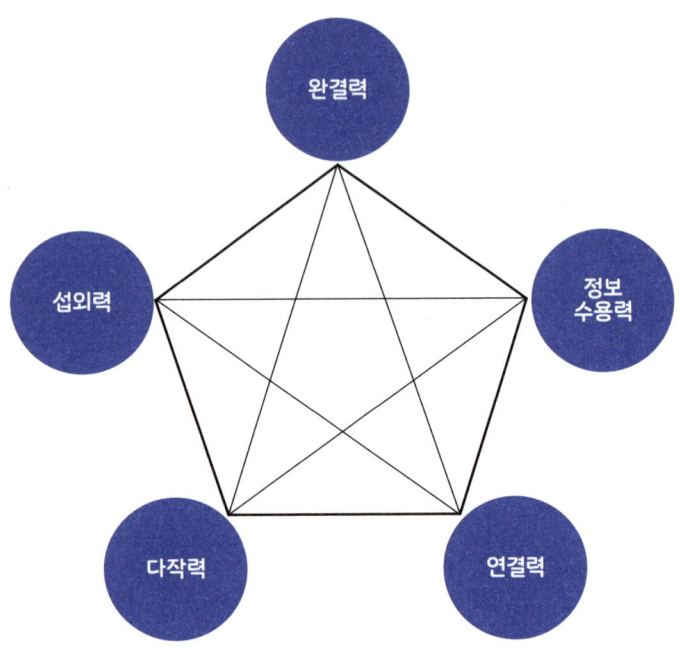

가 됩니다. 즉, 기획력이란 독립된 하나의 능력이 아닌 일종의 시스템이란 것을요.

그래서 제가 정의하는 기획력이란 '기획을 세상에 내놓고 실현하기 위해 필요한 정보수용력, 연결력, 다작력, 섭외력, 완결력의 묶음'입니다. 이 책의 내용은 이 5가지 능력을 묶기 위한 방법과 설명입니다. 이렇듯 기획 전반에 필요한 '능력들의 묶음'을 기획력이란 단어 하나로 모호하게 뭉친 바람에 사람들이 우왕좌왕 휘둘렸던 겁니다.

　5가지 능력 중 자신은 어떤 능력을 키워야 하는지 판단하면서 각자 나름대로 정리해보면 기획에 대한 이해도와 실력이 더욱 올라갈 겁니다. 말하자면 이 5가지 능력은 기획력이 하나의 능력이 아님을 보여주기 위한 제 나름의 분류입니다.

정보수용력: 지식이나 체험을 머릿속에 채우기

- 머릿속 정보가 많을수록 기획이 다양해진다.
- 정리되지 않은 '날카로운' 정보에 신경쓰자.
- 정보는 빠르고 효과적으로 채우자.
- 사람들이 모여드는 '정보의 터미널'이 되자.

　기획은 백지상태에서 나오지 않습니다. 과거부터 현재까지 자신 안팎의 모든 것들로부터 기획이 만들어집니다. 그래서 누구라도 기획을 하는 겁니다. 기획이란 여러 선택지 중에서 나아갈 방향을 결정하는 과정인데 당연히 선택지가 많을수록 유리합니다.

　정보수용력은 기획을 세우는 과정뿐 아니라 누군가에게 기획을 전달할 때도 필요합니다. 자신이 떠올린 기획 이미지를 사람들에게 단번에 전달할 수 있으려면 사람들이 그에 관련된 정보나 지식을 알고 있어야 합니다. 기획의 이미지를 전달할 때 쓸 '성공한 작품', '누구나 알 만한 정보'를 알아두는 게 좋습니다.

정보수용력을 키우기 위해서는 두 가지를 신경써야 합니다. 첫 번째는 '날카로운 정보'를 더 많이 알아두는 것입니다. 날카로운 정보란 누군가와 직접 상담한 내용, 방문했던 현장 상황처럼 누군가가 정리하지 않은 이른바 '날것'의 정보입니다. 보고용 마케팅 자료처럼 '둥근 정보'는 어디까지나 결정권자를 설득하기 위한 수단일 뿐입니다. 둥근 정보로 만들어진 기획은 누구의 마음도 파고들지 못합니다.

두 번째는 되도록 편한 방법으로 정보를 모아야 한다는 것입니다. 시간에는 한계가 있기에 아무리 시간을 아껴도 받아들이는 정보량에 한계가 있습니다. 믿을 만한 사람이 추천한 작품의 개요만 확인하는 정도로 많은 정보를 간편히 얻는 방법을 쓴다면 머릿속 정보의 양과 질이 모두 높아집니다.

어느 정도 머릿속에 정보가 찼다 싶으면, 그다음엔 남들이 잘 모를 법한 정보를 의식적으로 찾아야 합니다. 이때부터 자신만의 채널이나 소식통을 발굴해야 합니다. 이렇게 계속해서 새로운 정보를 알아두면 어느 순간 주변 사람들이 "요새는 뭐가 재미

있어?", "너 요즘 괜찮게 보는 게 뭐야?"라며 내 의견을 물어보기 시작합니다. 나만의 독자적인 정보와 관점에 대해 남들의 관심과 수요가 생겼다는 의미입니다. 정보는 정보끼리 모이기 때문에, 그때부터 내 주위에 자연스럽게 새로운 정보가 모여듭니다. 정보가 오가는 터미널이 된다는 의미입니다.

또한 정보는 시기를 타기에 지속적인 업데이트가 중요하므로, 편하고 즐겁게 모으고 채우는 자세가 더욱 중요합니다.

연결력: 무한한 선택지에서 대상을 골라 연결하기

- 입력한 정보를 연결해보자.
- 가장 효과적인 연결법은 사람 감정과의 연결이다.
- 돈이 되는 기획인지를 항상 따지자.
- 고민만 말고 다양한 방법으로 두뇌를 움직이자.

정보만으로는 기획을 만들 수 없습니다. 지금 이 책을 보는 분들도 여기서부터 어려움을 느끼고 계실지 모르겠습니다.

머릿속 정보를 연결하는 능력을 높이기 위해 가장 효과적인 방법은 사람을 기점으로 연결하는 것입니다. 앞에서 예로 들었듯, 기획에서 두 정보를 서로 연결할 때, 예를 들어 '맥주'와 '의자'를 그대로 연결하지 않고 '맥주를 마시는 사람의 기분'과 '의자에 앉는 사람의 기분'처럼 사람의 감정을 중심으로 연결해보면 성공률이 올라갑니다. 이 방법은 곧 대중의 관점에서 생각해보자는 의미입니다. 기획의 목적이란 누군가가 우리 물건과 서비스를 이용하거나 구매하도록 만드는 일입니다. 당연히 대중의 관점에서 연결해야 성공의 지름길이 보입니다.

   수익과의 연결도 빠트릴 수 없습니다. 물론 기획이 실현되는 초반에 기쁘고 즐거운 마음을 가지는 것도 중요합니다. 하지만 기획을 오래 유지하고 규모를 키우려면 수익이 필요합니다. 사람이란 감정이 움직여야 돈을 쓰는 존재입니다. 그렇기에 대중의 관점에서 연결한 기획은 수익과도 필연적으로 연결됩니다. 또한 계속 유지해야만 성립되는 기획도 많은데 이 점에서 수익은 대단히 중요합니다. 한마디로 '돈이 되는' 기획은 성공하고 오래갑니다.

   그 외에도 연결력에서 제가 신경쓰는 것들은 '누군가와 수다 떨기', '몸 움직이기', '충분한 잠'입니다. 설명할 필요도 없이 모두 두뇌를 효율적으로 활성화하는 방법입니다. 두뇌에는 활성화 스위치가 있다고 생각합니다. '이걸 어떻게 연결하지'라고 고민하며 괴로워하기보다 '다른 일을 하다 보면 뭔가 떠오르겠지'라고 마음 편히 생각하는 게 더 효율적입니다.

다작력: 더 많이, 더 자주 기획을 전달하기

- 기획의 성공률은 아무도 모른다.
- 성공률을 높이는 방법은 질보다 양이다.
- 실제로 기획을 다작하는 사람은 생각보다 많지 않다.
- '기획이 만들어지는 순간'이란? 머릿속 이미지를 누군가에게 전달할 때다.

다작력은 누구나 기획력을 높일 수 있는 간단한 능력입니다. 아무리 좋은 정보끼리 기막히게 연결을 많이 해도 기획안으로 만들지 않으면 헛수고일 뿐입니다. '양이 질을 낳는다'는 말을 기획으로 치면 '누구 하난 얻어걸리겠지' 정도로 바꿀 수 있습니다. 여기서는 '어떤 기획이 성공할지 알 수 없다'는 전제를 먼저 이해해야 합니다. 기획이란 더 많이, 자주 휘두르지 않으면 얻어걸리지 않는 성질의 것입니다. 정말 노골적으로 이야기하면 기획의 성공은 운에 엄청나게 좌우됩니다. 그렇기에 운에 맞서거나 따르려면 어떻게든 많이 시도해 성공률을 높이는 방법이 최선입니다. 그러나 기획자 중에서도 다작하는 스타일은 극소수이기 때문에, 기획을 꾸준히 많이 내는 것만으로도 경쟁자와 차이가 생깁니다.

기획이 세상에 나오는 순간은 자신이 기획을 떠올린 순간일까

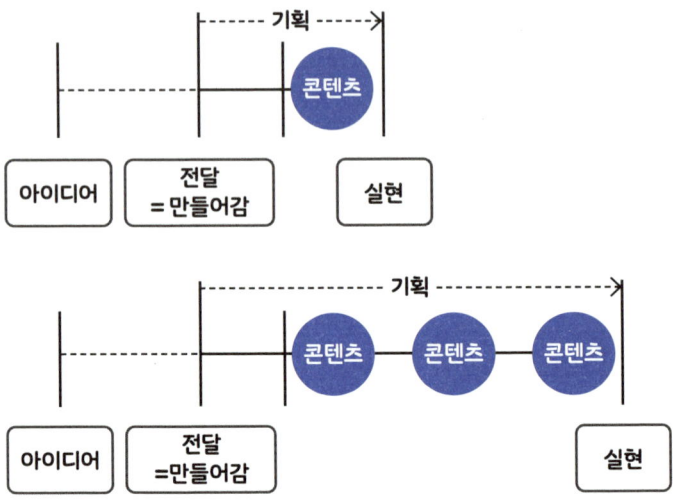

요? 그렇지 않습니다. 바로 내 결정에 대한 누군가의 반응이 나타날 때입니다. 기획은 결정이고, 누군가에게 전달하지 않으면 의미가 없다고 제가 누누이 말한 이유입니다. 머릿속에 떠올린 이미지 자체를 기획이라고 부를 순 없습니다. 이는 양자론에서 말하는 '사물은 사람의 인식(관측)으로 비로소 존재한다'는 이야기와도 비슷합니다. 기획은 누군가가 인식해야 비로소 존재하는 것입니다.

다작력은 머릿속에 떠올린 이미지를 하나라도 더 많이 사람들에게 전달하는 능력입니다. 옆에 있는 동료, 친구 그 누구라도 상관없습니다. 자신이 해보고 싶은, 하려는 일을 전달해보세요. 머릿속 이미지를 기획의 형태로 다른 사람에게 정확히 전달하는 게 생각보다 얼마나 어려운지 알 수 있습니다. 그럼에도 계속 시도하다 보면 자신의 기획에서 부족한 공통 언어가 무엇인지 알 수 있고, 전달을 효율적으로 하는 연습도 됩니다.

섭외력: 협력자 늘리기

- 기획은 혼자 실현할 수 없다.
- 끌어들인다는 것은 의지한다는 것이다.
- 휘말린 사람은 공범자다.
- 섭외력은 다작력과 상호작용한다.

기획은 혼자서는 실현할 수 없습니다. 그래서 협력자를 모으는 능력, 즉 섭외력이 중요합니다. 예를 들어 부정적이거나 내성적인 성격을 가진 사람이라면 사람 끌어들이기를 다소 어렵게 느낄 수 있습니다. 그러나 기획력에서 말하는 끌어들이는 능력, 즉 섭외력은 조금 다른 의미입니다. 남에게 '나 좀 도와줘'가 아니라 '너한테 기댈래'라고 말하는 것입니다.

자신이 남에게 의지가 되는 것을 불쾌하게 여기는 사람은 거의 없습니다. 오히려 기대 이상으로 도와주기도 합니다. 이미 상대가 내게 '휘말린' 것입니다. 내 부탁에 그 사람이 조금이라도 움직였다면 걱정하지 않아도 됩니다. 휘말린 그는 이제 기획의 '공범자'이자 '당사자'가 됐기 때문입니다.

여기서 가장 이상적인 유형은 자기도 모르는 사이 사람이 휘말리는 상태를 만드는 것입니다. 다들 한 번쯤 '부탁받지도 않았는데 내가 먼저 도와준' 경험이 있을 겁니다. 항상 이런 상태를 유도할 수 있다면, 큰 노력을 기울이지 않아도 기획을 자연스레 실현할 수 있습니다.

또한, 기획이 제대로 되지 않아 좌절감이 들어도 본인이 끌어들인 상대를 생각하면 쉽게 기획을 포기할 수 없습니다. 사람은 혼자만의 의지만으로는 좀처럼 분발하지 못하는 존재입니다. 누군가를 끌어들이면 기획을 포기할 수 없는 이유가 하나 추가된 셈입니다.

기획을 다작하기엔 한계가 있습니다. 하고 싶은데 혼자서 할 수 없는 기획이라면 누군가에게 의지하는 것도 방법입니다. 거절당하면 또 다른 사람에게 의지하세요. 함께하는 사람이 늘어난다는 것은 다작이 가능해진다는 뜻입니다. 즉, 섭외력은 다작력과 상호작용합니다.

완결력: 기획을 실현까지 옮기기

- 5가지 능력 중 가장 중요하다.
- '밑져야 본전'이라 생각하자.
- 포기도 방법이지만, 힘든 기획에도 가치가 있다.
- 남들보다 먼저 변수에 대비하자.

기획 도중에는 항상 걸림돌이 나타납니다. 갑자기 회사 방침이 바뀌거나, 관계자와 연락이 닿지 않거나, '막막하다', '힘들다', '그만두자'라며 포기하거나 분위기를 망치는 구성원도 나타납니다. 기획자는 이런 다양한 걸림돌의 가장 앞에서 대처하며 일해야 하는 존재입니다.

일반적으로는 완결력이 열정에서 나온다고들 생각합니다. 물론 열정도 필요하지만 제 생각엔 조금 편하게 생각해도 된다고 봅니다. 한마디로 '밑져야 본전'이라는 사고방식입니다. 이렇게 인식하면 어떤 문제와 마주쳐도 '이 정도야 뭐' 하는 식으로 의연하고 침착하게 대응할 수 있습니다.

안 된다 싶으면 빠르게 포기하고 다음 목표를 찾는 것도 중요합니다. 하지만 실현할 수 있는 것을 지레 포기하는 바람에 이익을 놓친다면 그것도 아까운 일입니다. 실제로 '고생할수록 성공한다'는 징크스도 있습니다. 기획자에게 용기를 주려는 의도도 있겠지만, 진입 장벽이 높으면 그 가치도 높다는 의미이기도 합니다.

완결력에서 완충 작용을 하는 도구가 있습니다. 바로 남들보다 먼저 변수에 대비하는 '선제적 사고'입니다. 선제적 사고가 가능하면 완결력이 조금 떨어져도 기획 진행이 수월해집니다. 한발 앞서 예측하고 준비해서 행동하면 문제 자체가 줄어들기 때문입니다.

'밑져야 본전'이라는 달관의 자세를 가지되 무슨 일이 일어나도, 어떤 방법을 써서라도 어떻게든 기획이란 공을 실현이라는 골대까지 옮겨놓는 완결력이야말로 나머지 능력들을 살려주는 원천입니다. 즉, 기획의 5가지 능력 중 가장 중요한 요소입니다.

"그동안 어떤 일을 했나요?"

프로의 세계는 철저하게 실적으로 움직입니다. 누구에게 기획을 맡길지 판단할 때도 으레 과거 경력을 참고합니다. 눈에 띄는 실적이 없는 이에게 큰 기획을 맡기는 경우는 아주 드뭅니다. 기업의 규모가 클수록 더욱 그렇죠. 그래서인지 경력의 실적도 기획력의 구성 요소라고 흔히 생각합니다.

다만 경력을 참고하는 방법은 시대에 따라 바뀌었습니다. 인터넷이 발달하기 이전에는 '무엇을 성공시켰는가(무엇을 했는가)'로 실적을 평가했습니다. 예를 들어 '유명한 그 기획을 만들었다'라든지 '견적 얼마짜리 기획을 진행했다' 같은 경우입니다. 그러나 이제는 '그동안 어떤 일을 했는가(무엇을 할 수 있는가)'를 실적으로 봅니다.

    이런 변화의 이유는 세상이 바뀌는 속도가 너무나 빠르기 때문입니다. 아무리 유명한 기획이나 대규모 프로젝트를 성공시켰다 해도 몇 년만 지나면 "그건 한물간 이야기잖아"라든가 "우리 부모님 때나 통했던 감성이지"라는 반응이 나옵니다. 오히려 실적도 그저 그렇고 기획 규모가 작았다 하더라도 '맡기면 이건 잘 할 것 같다'고 인정받는다면 문제가 없습니다. 한마디로, 기획에서 실적의 가치는 '격과 규모'에서 '양과 종류'로 변하는 중입니다.

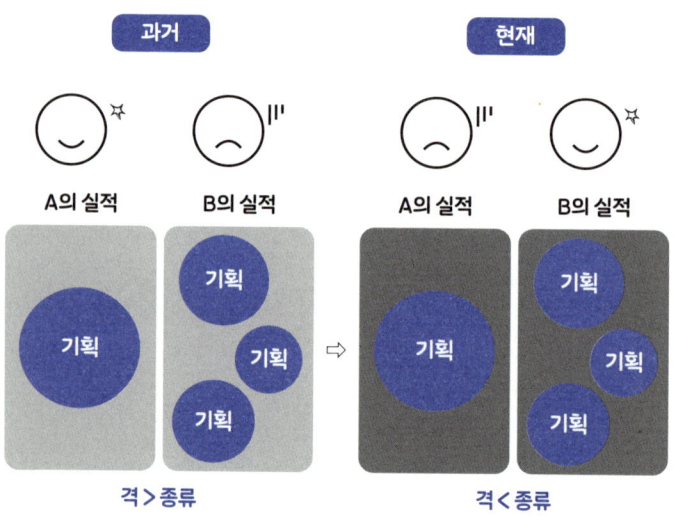

제 경력을 예로 들겠습니다. '텔레비전 예능 프로그램 〈도주 중〉 기획'은 '무엇을 성공시켰는가'의 실적일 뿐입니다. 반면 '방송사 기획 업무 후 독립, 여러 회사를 동시 경영하면서 유튜브 채널 운영과 SNS 기반 홍보 기획 및 브랜딩 업무 진행, 애플리케이션 및 웹 서비스 운영, 부수적으로 의류 및 가구 주문 제작, 콘텐츠 집필 병행 중'이라고 쓰면 이 경력은 어떻게 보입니까? '뭐든지 할 수 있는 사람'의 실적으로 보입니다. '이 사람은 또 무엇을 할 수 있을까?'라는 기대도 품게 합니다. 그간 해온 기획의 범위가 다양함을 보여줌으로써 '분야는 다르지만, 우리 기획도 할 수 있을 것 같아'라는 인상을 줄 수 있습니다.

'무엇을 할 수 있는가'의 가치가 높아진 이유는 기술의 발달 때문입니다. 정보도 미디어도 콘텐츠도 엄청나게 늘어났습니다. 모든 면에서 기술이 빠르게 진화하고 사회는 격심한 변화를 겪습니다. 그런데 한 분야에만 머물면 당연히 받아들이는 정보량이 줄어들고 변화하는 세상과 점점 멀어집니다. '무엇을 했는가'와 '무엇을 할 수 있는가'의 차이는 변화에 적응할 수 있는지의 차이이기도 합니다.

업무에서 무오류와 정확성을 요구하는 것은 사람이 대량생산을 담당했던 시절의 이야기입니다. 실수 없이 정확해야 하는 일은 이제 로봇의 몫입니다. 오늘날 사람에게 요구되는 것은 창조성입니다. 실패가 두려워서 아무것도 하지 않는 사람보다 여러 번 실패해도 자기 스스로 기획하고 실현하는 사람에게 더욱 많은 기회가 주어집니다.

예전엔 이직이 잦으면 '끈기가 부족하다'든가 '자기 잇속만 챙길 것 같다'며 부정적인 평가를 받았습니다. 그러나 이젠 '그것도 해봤고 이것도 경험했다'는 긍정적인 평가를 듣기도 합니다. 반대로 한 회사에서 오래 일한 사람은 '전문성이 높다'는 평가와 동시에 '저 일밖에 못 할 것 같다'는 인상을 줍니다. 물론 하나의 일을 오래 하는 것 자체가 나쁜 건 아닙니다. 하지만 경력에 대한 평가 기준이 과거와 비교해 크게 변하고 있음은 알아야 합니다.

여러분은 실패를 두려워하지 말고 계속 기획하길 바랍니다. 기획이라는 분야에 실패란 없습니다. 이렇게 말하는 저도 실패투성이입니다. 예전엔 실패한 기획을 숨기기 바빴지만 이제는 실패한 기획도 실적으로 당당히 소개합니다. "실패했지만 이런 일도 해봤습니다", "요즘은 이런 기획을 시작했습니다. 생각보다 잘 안 되지만요"라는 식으로 자신 있게 이야기합니다. 이런 실적도 신뢰로 연결되는 시대가 됐기 때문입니다. 예전 같았으면 '저런 실패투성이한테 일을 어떻게 맡겨?'라고 생각했을 것입니다. 하지만 이젠 '이래저래 실패해봐서 위기 대처는 잘하겠네'라고 생각할 겁니다.

지금까지의 실적 평가 기준은 '과거를 재현할 수 있는가'였지만, 이제는 '미래를 창조할 수 있는가'입니다. 이제 사람들은 과거에 관심이 없습니다. 시대도 미래 지향적 사고를 요구합니다.

나가며

일상이 기획인 삶을 위해

대부분 책을 고를 때 먼저 차례를 봅니다. 이 책의 차례를 보고 기획에 관한 책이라면서 정작 '기획하는 법'에 대한 장이 없다며 그냥 내려놓은 분도 계실 것 같습니다.

사실 이 책을 쓸 때, 담당 편집자도 '기획하는 법'에 대한 장을 제안했습니다. 그 제안을 받아들이긴 했지만 책을 쓰면서 저는 왠지 모를 이질감을 느꼈습니다. 그래서 기획이란 무엇인지 곰곰이 다시 생각해보니 기획은 '만드는 것'이 아니라 '결정하는 과정 혹은 결과'라는 사실을 깨달았습니다. '기획하는 법'을 별도의 장으로 만들지 않은 이유입니다.

'기획'은 매우 쓰기 편리한 단어입니다. 쓰기 편리한 단어 중엔 뜻이 모호한 경우가 많은데, 그렇기 때문에 더 널리 퍼지기도 합니다. 어떤 상황에도 쓰기 좋으니까요. 그래서 많이 쓰지만, 여전히 많은 사람들이 진짜 뜻을 잘 모르고 씁니다. 기획이나 콘텐츠 때문에 고민하고 휘둘리는 사람이 많은 이유가 여기 있죠. 그래서 '기획'을 다시 정의해 제대로 언어화하는 일은 기획자인 제게도 꼭 필요한 작업이었습니다. 기획이나 콘텐츠는 언어의 힘으로 만들어지고, 전개돼 가치가 생기기 때문입니다.

기획은 범위가 모호하면서도 위력이 강한 직업입니다. 속속 변하는 세상의 니즈에 맞춰 자신을 바꿔야 하니 그 실체가 불분명하기 때문입니다. "어디 회사에서 무엇을 하거나 만드는 사람입니다"라는 식의 확 와닿는 자기소개가 불가능합니다.

하지만 이제는 확실한 직업 영역이 쇠퇴할 수도 있는 시대입니다. 선망받는 기업이 제조업, 대기업에서 '변화하는 니즈를 바탕으로 성장하는 유니콘'으로 대체되고 있습니다. 그러나 기획은 대체될 위험이 없습니다. 기획은 '누군가를 위해서 누군가와 결정해 생산하는' 일이므로 어느 직업 영역에나 존재하니까요.

오히려 기획은 시대, 기술, 인간을 대체함으로써 계속 새로운 것을 만들 수 있습니다. 그러므로 기획자에게 시대와 사회의 변화는 환영할 일입니다. 이런 점에서 기획은 직업이라기보다 '방식'에 가깝다고 생각합니다. 그러므로 기획업은 앞으로의 시대를 위한 강력한 '삶의 방식'입니다.

사실 이 책에는 사연이 있습니다. 원래는 가칭 《미디어 만드는 법》이라는 책을 쓰지 않겠느냐는 제의를 받았습니다. 책을 내겠다 결정하고 출판사와 논의를 했는데, 논의를 거듭하면서 주제는 미디어에서 기획으로 넓어졌습니다. '기획이라는 주제가 더 많은 사람에게 도움이 될 것 같다'로 의견이 발전하고 기획에 대한 책을 내기로 결정했습니다. 그리고 그 기획의 실현으로 이 책이 나왔습니다. 이 기획에 '휘말려' 동참해주신 출판사 대표님, 담당 편집자에게 진심으로 감사드립니다. 책을 쓰는 도중에 예상치 못한 문제를 몇 번이나 겪었습니다. 기획에서 항상 문제가 생긴다는 것은 불변의 진리인 것 같습니다. 하지만 '고생할수록 성공한다'니까 괜찮습니다.

전작 《사람이 움직이는 콘텐츠를 만드는 법》을 쓰겠다고 결정함으로써 멋진 만남을 많이 경험할 수 있었습니다. 지금 하는 일들도 전작을 쓰면서 시작됐습니다. 그리고 제 평생의 반려도 만났습니다. 이 책을 통해서 다시 한 번 멋진 분들을 만날 수 있으리라 기대합니다.

사람은 언제 죽을지 모릅니다. 저는 112살까지 살겠다고 나름대로 결정했지만 한 치 앞도 모르는 게 인생입니다. 그렇기에 해보지 않은 일로 후회하며 살고 싶지 않습니다. 성격상 걱정을 계속 마음에 담아두는지라 더욱 그렇습니다. 해보지 않은 일의 가능성은 무한하지만 해본 일의 결과는 성공 아니면 실패일 뿐입니다. 해본 일에 대해 반성은 할 수 있어도 후회는 남지 않습니다. 내 의지와 결정으로 해본 일이니까요. 그렇기에 사람은 결정하면서 살아야 합니다.

여기까지 책을 읽은 분이라면 알아차리셨겠지만, 이 책에선 '기획'을 '인생'으로 바꿔도 내용이 통합니다. 직접 결정해서 일어난 삶의 일은 모두 당신의 기획입니다. 자신의 인생을 어떻게 기획하시겠습니까? 이 책을 읽기로 결정한 분들이 좋은 결정을 내려 행복한 삶을 살아가시길 진심으로 바랍니다. 특히 기획자이거나, 기획자를 꿈꾸고 있다면 일에 자부심을 가지세요. "이 기획이 내 기획입니다"라고 남들에게 자신 있게 말할 수 있다면 당신만의 삶을 살고 있다 생각해도 좋습니다.

기획은 결정이다

2022년 03월 04일 초판1쇄 발행

지은이 다카세 아쓰야
옮긴이 김영주

펴낸이 권정희
책임편집 강현호
편집 이은규
마케팅 박선영
디자인 김경미

펴낸곳 ㈜북스톤
주소 서울특별시 성동구 연무장7길 11, 8층
대표전화 02-6463-7000
팩스 02-6499-1706
이메일 info@book-stone.co.kr
출판등록 2015년 1월 2일 제2018-000078호

ⓒ 다카세 아쓰야
(저작권자와 맺은 특약에 따라 검인을 생략합니다)

ISBN 979-11-91211-56-6   (03320)

- 이 책은 저작권법에 따라 보호받는 저작물이므로 무단전재와 무단복제를 금지하며, 이 책 내용의 전부 또는 일부를 이용하려면 반드시 저작권자와 북스톤의 서면동의를 받아야 합니다.
- 책값은 뒤표지에 있습니다.
- 잘못된 책은 구입처에서 바꿔드립니다.

> 북스톤은 세상에 오래 남는 책을 만들고자 합니다. 이에 동참을 원하는 독자 여러분의 아이디어와 원고를 기다리고 있습니다. 책으로 엮기를 원하는 기획이나 원고가 있으신 분은 연락처와 함께 이메일 info@book-stone.co.kr로 보내주세요. 돌에 새기듯, 오래 남는 지혜를 전하는 데 힘쓰겠습니다.